Kroatien
Die südliche Küste und Inseln

Harald Klöcker

MERIAN-TopTen
Höhepunkte, die Sie unbedingt sehen sollten

1. Strand Zlatni rat
Der auf der Insel Brač gelegene Strand Zlatni rat gilt als der attraktivste der ganzen Region (→ S. 28, 58).

2. Diokletian-Palast in Split
Die von Kaiser Diokletian erbaute Palastanlage repräsentiert römische Architektur in Dalmatien (→ S. 48).

3. Meštrović-Galerie in Split
Die ehemalige Sommerresidenz des Bildhauers Ivan Meštrović beherbergt Holz- und Metallskulpturen (→ S. 49).

4. Trogir
Die Küstenstadt hat sich einen Altstadtkern aus dem Mittelalter bewahrt (→ S. 51).

5. Makarska Riviera
Hier gibt es reizvolle Strände, ein sonnenreiches Klima und zahlreiche Angebote für Wassersportler (→ S. 52).

6. Hafenstadt Hvar
Die geschützt in einer Bucht gelegene Stadt Hvar zeigt typische Züge einer dalmatinischen Hafenstadt (→ S. 61)

7. Altstadt von Korčula
Vom Beginn des 15. bis zum Ende des 18. Jh. stand Korčula unter der Herrschaft Venedigs (→ S. 67).

8. Dubrovniks Altstadt
Das mittelalterliche Altstadtensemble Dubrovniks wurde von der UNESCO zum Weltkulturerbe ernannt (→ S. 77).

9. Sveti Jure
Vom 1762 m hohen Gipfel des Sveti Jure kann man oft bis zur italienischen Ostküste sehen (→ S. 86).

10. Krka-Wasserfälle
Der Fluss Krka stürzt über 17 Stufen insgesamt fast 50 m in die Tiefe (→ S. 90).

MERIAN-Tipps ⇢
finden Sie auf Seite 128

Inhalt

4 **Kroatiens südliche Küste und Inseln stellen sich vor**
Interessantes rund um Ihr Reiseziel

10 **Gewusst wo ...**
Die besten Tipps und Adressen des Landes

12 **Übernachten**
Komfortable Hotels und familiäre Privatpensionen

14 **Essen und Trinken**
Meeresfrüchte und Grillgerichte mit Kräutern

18 **MERIAN-Spezial**
Vollmundige dalmatinische Weine

20 **Einkaufen**
Schmackhafte Souvenirs von den Bauernmärkten

22 **Feste und Events**
Volkstümliche Historienspiele begeistern das Publikum

26 **Sport und Strände**
Wassersport und Wandern

30 **Familientipps – Hits für Kids**
Spaß für Kinder jeden Alters

MERIAN-TopTen
Höhepunkte in der Region, die Sie unbedingt sehen sollten
⇐ Seite 1

MERIAN-Tipps
Tipps und Empfehlungen für Kenner und Individualisten
Seite 128 ⇒

32 **Unterwegs an Kroatiens südlicher Küste und auf den Inseln**
Kompakte Beschreibungen aller wichtigen Orte und Sehenswürdigkeiten mit vielen Freizeit- und Kulturtipps

34 **Zadar und Šibenik**
Historische Monumente und volkstümliche Geselligkeit

46 **Split und die Makarska Riviera**
Drehscheibe der Region

56 **Die Inseln Brač und Hvar**
Schöne Strände und Natur pur

66 **Insel Korčula und Halbinsel Pelješac**
Mediterrane Weinkultur

76 **Dubrovnik und Umgebung**
Die ganze Pracht einer mittelalterlichen Festungsstadt

Erläuterung der Symbole

👨‍👧 *Für Familien mit Kindern besonders geeignet*

♿ *Diese Unterkünfte haben behindertengerechte Zimmer*

🐕 *In diesen Unterkünften sind Hunde erlaubt*

CREDIT Alle Kreditkarten werden akzeptiert

⊘ Keine Kreditkarten werden akzeptiert

Preise für ein Doppelzimmer mit Frühstück in der Hauptsaison Mai bis September:
●●●● *ab 110 €*   ●● *bis 80 €*
●●● *bis 110 €*   ● *bis 50 €*

Preise für ein Hauptgericht (ohne Getränke):
●●●● *ab 20 €*   ●● *ab 10 €*
●●● *ab 15 €*   ● *bis 10 €*

84 **Routen und Touren**
Die schönsten Ausflüge und Wanderungen

86 **Gipfeltour zum Sveti Jure**
Virtuose Natur im dalmatinischen Hochgebirge

88 **Landeinwärts nach Sinj**
Sehenswerte Überraschungen im Hinterland

90 **Zu den Krka-Wasserfällen**
Naturbegegnungen im Nationalpark

92 **Über die Insel Korčula**
Mediterrane Landschaft und gepflegte Weinkultur

94 **Wanderungen auf den Sveti Ilija**
Urwüchsige Natur und weite Blicke

96 **Wissenswertes über die Region**
Praktische Hinweise und Hintergrundinformationen

98 **Geschichte**
Jahreszahlen und Fakten im Überblick

100 **Sprachführer**
Nie wieder sprachlos

102 **Essdolmetscher**
Die wichtigsten kulinarischen Begriffe

104 **Kroatiens südliche Küste und Inseln von A–Z**
Nützliche Adressen und Reiseservice

113 Kartenatlas
122 Kartenregister
124 Orts- und Sachregister
127 Impressum

 Karten und Pläne

Südkroatien .... Umschlagkarte vorne
Split .... Umschlagkarte hinten
Zadar 37
Šibenik 41
Dubrovnik 79
Kartenatlas 113–121

Die Buchstaben-Zahlen-Kombinationen im Text verweisen auf die Planquadrate der Karten, z. B.

→ S. 118, B 9   Kartenatlas
→ S. 79, c 1   Detailkarte innen
→ Umschlagkarte hinten, e 4

Mit Straßenkarte

Kroatiens südliche Küste und Inseln stellen sich vor

Nicht zu Unrecht gehört die Küste bei Brela (→ S. 54) an der Makarska Riviera (→ S. 52) schon seit Jahrzehnten zu den beliebtesten Urlaubszielen Dalmatiens, der Region im Süden der kroatischen Adriaküste.

Venezianische Architektur, mediterrane Landschaften, zerklüftete Küsten und bewaldete Inseln – dazu eine charaktervolle Weinkultur und beste Möglichkeiten für Wassersportler.

Kroatiens südliche Küste und Inseln stellen sich vor

Vieles hat sich verändert an der Küste Kroatiens. Aber vieles ist auch so reizvoll und erlebenswert geblieben wie vor mehr als 20 Jahren – noch in der jugoslawischen Ära –, als ich das erste Mal Dalmatien, den südlichen Teil der kroatischen Adriaküste, bereiste und mich nicht satt sehen konnte an dem Blau des Meeres, an den leuchtend grauen Felsengebirgen und diesen aus wuchtigen alten Kalksteinen erbauten Siedlungen und Städten.

Das adriatische Meer und seine Inseln

Damals las ich in einem vergilbten Reiseführer die Worte des kroatischen Geografieprofessors Ivo Rubić: »Das Meer ist der wichtigste Teil dieses Raumes. Das Meer, das die Küste mit ihren Buchten und Inseln umspült …; das Meer, auf dem die Völker ihre materiellen und geistigen Güter austauschen; die Quelle politischer und wirtschaftlicher Macht; das Meer mit seinen Sonnenuntergängen, seiner Wärme und seiner Frische, seiner Stille und seinen Stürmen.« 69 Großinseln, 558 Eilande, 413 Klippen und Riffe hatte der Professor im »Land der 1000 Inseln« gezählt und resümierte: »Außer Norwegen besitzt kein anderes Land Europas eine so vielgestaltige, zerklüftete, tief eingeschnittene Küste wie Dalmatien.«

Wer noch nie in Dalmatien gewesen ist, breite eine Karte vor sich aus und betrachte diese virtuose Insellandschaft zwischen Zadar und Dubrovnik. Archipele über Archipele, felsige und bewaldete, von Buchten eingekerbte, lang gestreckte und gerundete Inseln, bewohnte und unbewohnte, Ugljan, Pašman, Žut, Dugi Otok, die als Nationalpark geschützten Kornaten; Žirje, Kaprije, Zlarin, Šolta, Vis, Brač, Hvar, Korčula, Lastovo, Mljet, Šipan, Lopud, Koločep, nur um einige zu nennen. Dieses Szenario vor Augen, kommt man ganz von allein auf den Gedanken, man müsste, man sollte über ein Boot, am besten ein Segelschiff verfügen, um diese maritime Pracht angemessen erkunden zu können. Oder mit Fähren von Insel zu Insel reisen.

Das adriatische Meer hat die Einwohner geprägt. Viele Seefahrer, Fischer, Boots-, Schiffbauer und berühmte Kapitäne hat Kroatien hervorgebracht. Einige Museen dokumentieren heute die Geschichte der Seefahrt und Fischerei. Touristen motiviert die Adria seit eh und je zu allen Arten von Wassersport: Segeln, Tauchen, Schnorcheln, Surfen. Wer sich dafür begeistern kann, trifft in der Region zwischen Mai und Oktober auf gute Bedingungen. Bei allem Vorrang für das adriatische Meer und seine Verlockungen verdienen die Berglandschaften und die mediterrane Natur ein Kompliment.

Jede Wanderung auf den Inseln schenkt dem Urlaubsgast die Begegnung mit aromatisch duftenden Kräutern wie Thymian, Rosmarin, Majoran oder Lavendel. Ginster, Fenchel, Hibiskus, Erdbeerbäume und Oleander gibt es allerorten. Zu allen Zeiten haben die uralten, bizarr geformten Ölbäume und Feigenbäume auf Pelješac, Murter, Ugljan, Pašman, Korčula, Lastovo oder Mljet eine eigentümliche Faszination ausgeübt. 400 Jahre alt sind die Zypressen bei der Gospa od kamena oberhalb der Ortschaft Orebić. Der abseits des Getöses gelegene Ort mit der kleinen Kapelle, umrahmt von riesigen Zypressen, deren Stämme zwei Menschen mit ausgebreiteten Armen kaum umfassen können, verbreitet die Atmosphäre einer mythischen Kultstätte und versetzt den Besucher in eine andere Welt.

Auf Brač und Hvar bin ich einmal im Mai – ein unvergessliches Erlebnis – kilometerweit durch blühende Salbeiwiesen gewandert. Wie oft habe ich an den Ufern der Adria den grün schillernden, durch die Luft summenden Rosenkäfern zugeschaut, wie sie sich genüsslich in den Blüten der Zistrosen suhlten. Auch der schwere, ätherische Duft des Kiefernharzes, der Gesang der Nachtigall am frühen Morgen, Heerscharen von Schwalben oder der taumelnde Flug des gelbschwarzen Schwalbenschwanzes gehören zum dalmatinischen Sommer. Auch Ausflüge in das Hinterland, etwa zu den ungebärdig und kraftvoll zu Tal stürzenden Wassermassen der Krka, in das Schluchttal der Cetina, ins Neretva-Delta oder auf den Gipfel des 1762 Meter hohen Sveti Jure sind Erlebnisse, die lange in der Erinnerung nachklingen.

Vom Stein muss noch die Rede sein. Auch er, der weiße oder hellgraue Kalkstein, der auf der Insel Brač oder an anderen Orten seit Jahrhunderten aus dem Boden gebrochen wird, prägt besonders intensiv das Ambiente Dalmatiens. Man schaue sich nur die Altstädte von **Korčula**, **Trogir**, **Dubrovnik**, **Hvar** oder **Zadar** an, auch die Überreste des Diokletianpalastes in **Split**. Venezianische oder römische Baumeister haben hier virtuos gewirkt und aus dem Kalkstein schmuckvoll verzierte Fassaden, Kirchen und wuchtige Wehrmauern geschaffen. Lang und immer wieder von Machtwechseln geprägt ist die Geschichte Dalmatiens. Um das 5. Jahrhundert vor Christus erscheinen die Römer an der Ostküste der Adria.

Monumentaler Stein und wechselvolle Geschichte

Nach der Teilung des Römischen Reiches fällt Dalmatien an die Ostgoten, ehe sich hier Ende des 6. Jahrhunderts und vor allem im 7. Jahrhundert die Slawen und Awaren niederlassen. Um die Mitte des 10. Jahrhunderts entsteht das Königreich Kroatien. Eine wirtschaftliche und kulturelle Blütezeit beginnt Anfang des 15. Jahrhunderts, als ganz Dalmatien an Venedig fällt. Nur die freie Republik Ragusa – das heutige Dubrovnik – behält dank seiner geschickten Politik die Unabhängigkeit. 1797 wird

Wunderbarer Blick vom Arsenal, einem ehemaligen Dock für Kriegsschiffe, auf den Hafen von Hvar-Stadt (→ S. 61) und die vorgelagerten Inselchen.

Sardinenverkauf in Makarska (→ S. 52) fürs sonntägliche Picknick am Strand.

das Erbe der Handelsmacht Venedig an die österreichische k. u. k. Monarchie übergeben. Von nun an folgt eine wechselvolle Geschichte, in der Napoleon und immer wieder das Haus Habsburg die Geschicke Dalmatiens bestimmen.

Nach dem Ende des Ersten Weltkrieges fallen einige Gebiete an Italien. Entscheidend ändert sich die politische Situation. Es entsteht ein neues Königreich der Serben, Kroaten und Slowenen, das spätere Königreich Jugoslawien. Dieses Staatsgebilde hat nur wenige Jahrzehnte Bestand. Es trägt schwer an der inneren Spannung, die sich zwischen den einzelnen Volksgruppen gebildet hat, und entlädt sich mit Wucht und unnachgiebiger Dramatik für seine Bevölkerung 1991 in einem schrecklichen Krieg, an dessen Folgen Kroatien einige Jahre lang schwer zu tragen hatte.

Sicherlich sind die Kroaten ein Volk der Feste und Fröhlichkeit. Ein gutes Essen und ein guter Tropfen Wein in geselliger Runde gehören zur Tagesordnung und helfen die Sorgen des Alltags zu bewältigen. Die allerdings sind nicht gering.

Die gesamte Wirtschaft steckt in einer ernsten Krise. Wichtige Strukturreformen wurden verschleppt, dringend notwendige Investitionen wurden nicht vorgenommen. Inzwischen weist das Wirtschaftswachstum erstmals seit der Unabhängigkeit 1991 eine negative Bilanz auf. Seit 1994 stagniert der Export. Die meisten kroatischen Produkte sind auf den Weltmärkten nicht konkurrenzfähig. Viele Betriebe – kleine wie große – sind verschuldet. Die Arbeitslosenquote liegt offiziell bei knapp 20 Prozent, die Jugendarbeitslosigkeit ist besonders hoch. Die Bevölkerung klagt zudem über die hohen Steuern und die nicht weniger hohen Preise für wichtige Artikel des täglichen Bedarfs. Aber glücklicherweise gibt es bereits Ansätze, diese Wirtschaftsprobleme Schritt für Schritt zu lösen.

Die amtierende politische Führung will endlich gegen Korruption und Vetternwirtschaft vorgehen und Kroatien schrittweise an die Europäische Union heranführen. Man kann sich nur wünschen, dass es bald zu spürbaren Verbesserungen vor allem im Wirtschaftssektor kommt. Viele große wie kleine Betriebe sind so verschuldet, dass sie dringend notwendige Investitionen nicht finanzieren können. Die Steuerlast und die nicht selten verwirrenden bürokratischen Verordnungen machen es gerade den kleinen, flexiblen und innovationsfreundlichen Unternehmen schwer, mit stabiler Perspektive zu wirtschaften. Zeitgemäßer und qualitätsorientierter Service lässt sich nur dann gewährleisten, wenn die kleinen, oft von Familien geführten Betriebe gefördert werden.

Viele Hotels wurden in den letzten Jahren modernisiert und haben den verstaubten Mief aus der jugoslawischen Epoche hinter sich gelassen. Historische Klostergebäude, Paläste und Kirchen strahlen wieder in altem, neuem Glanz. Die dalmatinischen Weine haben an Qualität und Individualität deutlich zugenommen. Verkehrswege sind ausgebaut, neue Fähr- und Ausflugsschiffe angeschafft worden. Die Wasserqualität der Adria ist besser als noch vor 20 Jahren. Wer die Region vor dem letzten Krieg erlebt hat und seither nicht noch einmal in Dalmatien gewesen ist, wird positiv überrascht sein.

Den verschwiegenen Friedhof der alten Kapitäne bei dem Franziskanerkloster oberhalb von Orebić gibt es immer noch. Auch das in Mark und Bein gehende Glockengeläut der Kathedrale von Korčula am Morgen des Ostersonntags. Immer noch schlägt mein Herz freudig erregt, wenn das große Fährboot in die majestätische Hafenbucht von Hvar einläuft und die Augen sich weiden an einer prächtigen Kulisse aus ansehnlichen, hellgrauen Steinfassaden, üppig blühenden Pflanzen, hohen Palmen und einer belebten Uferpromenade. Immer noch gibt es in Dubrovnik den alten Mauerring, auf dem man so herrlich spazieren, hinunter in die Gassen blicken und die ganze Stadt umrunden kann.

Nach all den Wirren der vergangenen Jahre ist nun der Moment gekommen, nach Dalmatien zurückzu-

Dalmatien wieder entdecken

kehren und den Charme dieser adriatischen Region erneut zu erleben. Die Ortschaft Ston hat sich inzwischen zu einer regelrechten Wallfahrtstätte für Genießer von Austern und anderen Meeresfrüchten entwickelt, rundweg anspruchsvolle Restaurants sind hier entstanden. Immer noch gibt es in Trsteno den verwunschenen Botanischen Garten mit seinen 400 Jahre alten Platanen. Dalmatien wartet gespannt darauf, endlich (wieder) entdeckt zu werden.

Trogir (→ S. 51) – Hafenpanorama mit Fischerbooten und Motorkuttern, die in der Saison Urlauber auf die unzähligen Inseln der kroatischen Adria bringen.

Gewusst wo...

Auf dem Platz vor Dubrovniks Kirche Sveti Vlaha (→ S. 79) herrscht immer reges Treiben in den Straßencafés und Bars – sehen und gesehen werden ist angesagt.

Sowohl an der Küste als auf den Inseln ist die Zahl der modernisierten Hotels größer geworden. Auch bei den Privatpensionen spürt man den Aufbruch zu mehr Komfort und zeitgemäßem Service.

Übernachten

Mehr und mehr Unterkünfte werden modernisiert und genügen damit auch höheren Ansprüchen.

Ein Haus mit langjähriger Tradition: Das Palace Hotel (→ S. 62) in der Stadt Hvar (→ S. 61) besticht durch seine Lage in einem Palazzo mitten im Stadtzentrum.

Übernachten

Was die großen Urlaubshotels anbetrifft, ist die Situation derzeit noch recht unterschiedlich. Einige konnten Kredite beantragen und mit diesem Geld die nötige Modernisierung verwirklichen. Manche Häuser haben sich auch mit internationalen Hotels verbündet oder wurden von renommierten internationalen Hotelgruppen aufgekauft. Gelungene Beispiele gibt es vor allem an der Makarska Riviera, in Supetar und Bol auf Brač, auf Hvar, in Dubrovnik und Orebić. Andere **Hotels** haben den Anschluss verpasst und pflegen ihre Ausstattung aus den Siebziger- oder Achtzigerjahren des 20. Jh.

Die Situation der Hotels in den großen Städten längs der dalmatinischen Küste hat sich in den letzten Jahren etwas verbessert. Speziell in Split und Dubrovnik sind neue anspruchsvolle Hotels entstanden. Inzwischen gibt es auch mehr und mehr kleinere und mittelgroße Privathotels oder -pensionen, die in der Regel einen modernen, anspruchsvollen Standard repräsentieren und die große Lücke zwischen Hotels und dem Angebot an einfachen **Privatzimmern** schließen wollen.

Groß ist das Angebot an privaten Ferienzimmern, -wohnungen oder Apartments im Bereich der Küste und auf den Inseln. Viele dieser Unterkünfte sind preiswert, sauber, zweckmäßig ausgestattet und werden sehr engagiert von den Besitzern geführt; meist ist auch die gesamte Atmosphäre ausgesprochen gastlich und herzlich; das macht ihren eigentlichen Charme aus. Die schönsten und am besten ausgestatteten Unterkünfte sind allerdings in der Hochsaison im Juli und August oft ausgebucht.

Die meisten **Campingplätze** sind lediglich zwischen Mai und September, einige auch von April bis Oktober geöffnet. In der Sommersaison kann es zu Engpässen kommen. Für diese Zeit ist eine Reservierung unbedingt ratsam. Einen Überblick über die Campingplätze in Kroatien/Dalmatien bietet der ADAC-Campingführer, der bei allen ADAC-Dienststellen erworben werden kann. Wildes Campen ist in Kroatien verboten. Die FKK-Campingplätze sind in den entsprechenden Campingführern ausgewiesen.

Beliebte familiäre Gastlichkeit

Deutlich gestiegen sind inzwischen die Preise für Stadthotels in den Metropolen wie Split oder Dubrovnik. Die hohen Preise korrespondieren nicht immer mit den gebotenen Leistungen. Vor allem im Juli und August steigen die Preise oft in unangemessene Höhen. Nach wie vor günstig sind Pauschalangebote in der Vor- und Nachsaison; auch die Preise in den meisten Familienpensionen halten sich außerhalb der Hochsaison in einem überzeugenden Rahmen und eignen sich für einen Familienurlaub mit Kindern.

Informationen
Campingverband Kroatien
Pionirska 1, HR-52440 Poreč;
Tel. 0 03 85/52/45 13 24, Fax 45 12 79;
croatian.camping.union@pu.tel.hr

Croatian Youth Hostel Association
Savska Cesta 5/1, 10000 Zagreb;
Tel. 01/4 82 92 94, Fax 4 82 92 97;
www.hfhs.hr; Jugendherbergen in Zadar, Split und Dubrovnik

Leuchttürme und Villen etc.
Die kroatische Firma Adriatica bietet eine umfassende Auswahl an verschiedensten Unterkünften an, dazu zählen auch ausgefallene Objekte, Leuchttürme, Villen, Ferienwohnungen und Unterkünfte auf dem Lande.
Info unter www.adriatica.de

Empfehlenswerte Hotels und andere Unterkünfte finden Sie bei den einzelnen Orten im Kapitel »Unterwegs an Kroatiens südlicher Küste und auf den Inseln«.

Essen und Trinken

Fische und Meeresfrüchte, dazu Olivenöl und Kräuter geben den Gerichten ihren Charakter.

Auf der Flaniermeile von Dubrovnik (→ S. 77) zwischen Pile-Tor und Luža-Platz treffen sich Einheimische und Touristen gleichermaßen zu einem kleinen Plausch in einem der zahlreichen Cafés.

Essen und Trinken 15

Während im gebirgigen Hinterland Dalmatiens deftige Gerichte mit Hammel-, Lamm-, Schweine-, Rind- oder Ziegenfleisch – oft in Weißkohlblätter eingewickelt – geschätzt werden, ist der kulinarische Horizont im Bereich der Küste und Inseln aus verständlichen Gründen von Meeresfrüchten und Seefischen geprägt. Sie müssen nicht aus weit entfernt gelegenen Fanggebieten herbeitransportiert werden, sondern werden in direkter Nachbarschaft der Küsten und Inseln gefischt. Daher sind sie meistens ausgesprochen frisch und von tadelloser Qualität. Edelfische wie Zahnbrasse, Goldbrasse, Seebarsch, Zackenbarsch, Drachenkopf, Seezunge oder Meeräsche werden normalerweise gegrillt »na žaru« und begleitet von Kartoffeln und Mangold serviert. Eine seltene, höchst originelle Rarität ist luftgetrockneter Meeräschenrogen

Früchte des Meeres

oder Seeigelrogen. In Konobas oder Tavernen kommen oft gegrillte Sardinen oder Sardellen auf den Tisch, was sich zumeist als ausgesprochene Köstlichkeit erweist. Gleiches gilt für eingesalzene Sardellenfilets.

Auf nahezu allen Speisekarten der Region findet man Muschel- und Tintenfischgerichte. Beliebt sind vor allem der Tintenfischsalat – angemacht mit Zwiebeln, Petersilie, Rotweinessig, Meersalz, Olivenöl – als Vorspeise sowie das weiße Muschelrisotto und das schwarze – in der eigenen Tinte eingefärbte – Tintenfischrisotto. Auch Hummer, Langusten, Miesmuscheln, Austern und »škampi« werden häufig angeboten. Letztere Delikatesse wird gern als »škampi buzara« bzw. »škampi na buzaru« in einem Sud aus Gemüse, Weißwein und Tomaten gekocht. Als kulinarische Pilgerstätte für Liebhaber exquisiter Meeresfrüchte gilt die Ortschaft Mali Ston (Halbinsel Pelješac) mit ihren Miesmuschel- und Austernzucht-

anlagen. Alle Restaurants in dieser kleinen Ortschaft servieren Meeresfrüchte und Fischgerichte auf einem hohen Niveau; die Austern sind die besten in ganz Dalmatien.

Süßwasserfische – von den Dalmatinern weniger geschätzt – werden vornehmlich im Bereich des Binnensees Vransko jezero aufgetischt. Herausragende Delikatessen sind hier Aal, Karpfen, Hecht und Wels zu vergleichsweise günstigen Preisen.

Olivenbäume werden auf nahezu allen bewohnten dalmatinischen Inseln und in den geschützten Lagen der Küste kultiviert. Angebaut werden italienische und einheimische Olivensorten wie etwa die Orgula. Die Öle werden meist kalt gepresst und zeigen je nach Olivensorte unterschiedliche Aromen. Leider reicht die produzierte Menge oft nur für den Hausgebrauch. Hochwertige Marken gelangen erst seit kurzer Zeit in den Handel. Vielfach hat der Tourist aber die Chance, in Familienpensionen oder -restaurants gutes Olivenöl aus eigener Herstellung zu erwerben. Interessante Öle mit individuellem Duft und Geschmack fin-

MERIAN-Tipp

1 Vila Koruna

In diesem Restaurant im Muschel-Mekka **Mali Ston** (Halbinsel Pelješac) gibt es alles, was das Herz an Meeresfrüchten und Fischgerichten begehrt: Hummern, Austern, Scampis, Miesmuscheln, Risotto in jeder Variation. Alles kommt frisch auf den Tisch. Von März bis Juli ist Austernsaison. Das engagierte, von der Familie Pejić geführte Restaurant hat viele Stammgäste aus der Umgebung. Kleine Pension mit 6 Zimmern angeschlossen. Ganzjährig geöffnet.

20230 Mali Ston; Tel. 0 20/75 43 59
●● CREDIT   ---> S. 118, C 14

det man nicht zuletzt nahe Blato und Vela Luka auf der Insel Korčula sowie auf den Inseln Hvar, Brač, Murter, Ugljan und Pašman.

Was die Gemüsesorten betrifft, kommt dem Mangold »blitva« und dem Kohl »kupus« eine herausgehobene Position zu. Besonders saftig und schmackhaft geraten mit Kartoffeln und Gemüse akzentuierte Fleischgerichte, die unter einer mit Holzkohlenglut und -asche überdeckten Metallglocke »peka« gegart worden sind. Diese traditionell dalmatinische Gartechnik »izpod peke« erfordert zwar Zeit – nicht selten um die zwei Stunden –, führt aber zu einer wunderbaren Aromasteigerung insbesondere von Fleisch und Kartoffeln. Ein solches Gericht sollte man unbedingt probieren, wenn es auf der Speisekarte steht.

Knoblauch, Wein und Peperoni – typische Zutaten der dalmatinischen Küche.

Weitere renommierte Spezialitäten sind der geräucherte und gereifte Schweineschinken »pršut«, der gereifte, besonders würzige Schafskäse von der Insel Brač »brački sir« sowie frischer Ziegenkäse. Ein beliebtes Dessert ist die »rožata«, eine Art Karamellpudding aus Eiern, Zucker und Milch. Im Sommer und Herbst werden gern auch Früchte – Kirschen, Feigen, Aprikosen, Granatäpfel, Pfirsiche und Weintrauben – als Nachtisch angeboten.

Ein hochwertiges Sortiment an kulinarischen Produkten aus ganz

Würzige Käsesorten und Schinken

Kroatien vertreibt die nahe Split ansässige Firma sms (www.sms.hr). Die Produkte werden in vielen Delikatessen-Geschäften, in Souvenir- und Flughafen-Shops verkauft. Dazu zählen erlesene Olivenöle, Olivenpasten und Delikatess-Oliven, Marmeladen, Fisch- und Käse-Spezialitäten. Vom Familienunternehmen Pastoris (www.pastoris.com) aus Postup auf der Halbinsel Pelješac stammen Kräuterweine, Gewürzessige, aromatisierte Destillate, Meersalz, Honig, Olivenöl und andere kulinarische Produkte.

Gaststätten, die weniger mit edlem Interieur, sondern mit regionaltypischen Speisen und gemütlicher Atmosphäre aufwarten, nennen sich meist »Gostiona« bzw. »Gostionica«, »Taverna« oder »Konoba«, was ursprünglich Weinkeller bedeutet. Eine öffentliche Konoba bietet stets auch Speisen an. Groß ist die Zahl der dalmatinischen Cafébars; in der »Kavana« bekommt man Espresso »kava«, Cappuccino, Tee »čaj«, aber auch Süßgebäck, Kuchen oder Torten. Speiseeis erwirbt man in der Eisdiele, »Slastičarna« genannt.

Noch ein Wort zu den privaten Restaurants, die im Unterschied zu den genossenschaftlichen meist ein

besseres Service- und Dienstleistungsangebot haben. Allerdings sind hier oft auch die Preise erheblich höher. Private Restaurants haben in den letzten Jahren vor allem in Split und anderen größeren Städten, aber auch auf den Inseln eröffnet. Nicht selten isst man in einer engagiert in Familienregie geführten Konoba besser (preiswerter zumal) als in einem edel ausgestatteten Privatrestaurant.

Einige Privatwinzer und Winzergenossenschaften haben in den letzten Jahren in die Modernisierung ihrer Ausrüstung investiert und enorme Qualitätsverbesserungen erreicht. Heute gibt es eine Vielzahl an anspruchsvollen Markenweinen (→ MERIAN-Spezial, S. 18). Junge, engagierte dalmatinische Winzer experimentieren mit Rebsorten und versuchen Weine zu kreieren, die gegen die Markenweine aus Istrien und Slawonien (Kutjevo) bestehen können.

Der Aufbruch der dalmatinischen Privatwinzer in Richtung gesteigerte Qualität und Individualität ist noch jung, wird aber zumeist mit großem Engagement betrieben. Besonders interessant sind die Ergebnisse dort, wo regionaltypische Rebsorten verwendet werden, die den Weinen einen charakteristischen und originellen Geschmack verleihen. Auch die Ausstattung der Flaschen und die Gestaltung der Etiketten hat sich verbessert. Während die großen Kellereien eher preiswerte Massenerzeugnisse für den Alltagsgebrauch anbieten, bemühen sich die Privatwinzer um hochwertige Erzeugnisse. Bei der Auswahl der Weine im Restaurant oder Geschäft sollte der Besucher stets den Weinen von Privatwinzern den Vorzug geben.

Als Dessertwein wird in ganz Dalmatien der »Prošek« geschätzt. Die geernteten Trauben trocknen in der Sonne, bis sie ein extrem hohes Fruchtzuckerniveau erreicht haben. Aus den fast schon rosinenartigen Trauben wird dann der berühmte Süß-

Auf der Insel Brač (→ S. 57) entstehen Olivenöle mit interessantem Duft und intensivem Geschmack.

wein fermentiert. Vor oder nach dem Essen trinkt man in Dalmatien gern ein Gläschen Traubentrester (»Lozovaca«, manchmal auch »Rakija« ge-

Kräuterschnäpse und Dessertweine

nannt). Ist dieser mit aromatischen Kräutern wie Minze, Salbei, Majoran, Thymian sowie einem Zitronenblatt und etwas Fenchel versetzt, nennt man ihn »Travarica«. Werden in den Trester grüne, unreife Walnüsse eingelegt, entsteht ein wundervoller, sehr beliebter Magenbitter, »Orahovica« genannt.

Empfehlenswerte Restaurants und andere Lokale finden Sie bei den einzelnen Orten im Kapitel »Unterwegs an Kroatiens südlicher Küste und auf den Inseln«.

Vollmundige dalmatinische Weine

Sowohl Rot- als auch Weißweine überzeugen durch ihr eigenwilliges, sehr individuelles Aroma.

Die originellsten und interessantesten dalmatinischen Weine kommen von der Halbinsel Pelješac sowie von den Inseln Korčula und Hvar. An den südlichen Steilhängen von Pelješac reifen die Trauben für die teuersten Rotweine Kroatiens. Angebaut wird hier fast ausnahmslos die rote Traubensorte Plavac mali. Aus ihr keltern die Winzer in den Ortschaften bzw. Lagen von Dingač, Postup, Kuna oder Potomje wuchtige, sehr gehaltvolle, manchmal etwas zu alkoholreiche Rotweine. Schon zu Zeiten der Donaumonarchie wurden diese hochkonzentrierten Rotweine als so genannte Kaiserweine an den Hof nach Wien gebracht. Modern eingestellte Winzer der Firmen Matuško vina oder Grgić vina führen vor, dass man aus der Rebsorte Plavac mali auch elegante, verführerische und ausgewogene Rotweine herstellen kann.

Einer der prominentesten Winzer auf der Halbinsel Pelješac ist Frano Miloš aus der kleinen Ortschaft Ponikve. Miloš baut alte Mali-Plavac-Reben auf besonders steinigen Terrassen an. Lagen mit unterschiedlichen Klima- und Bodenbedingungen erbringen Rotweine mit deutlich verschiedenartiger Aromatik. Der Winzer komponiert Mali-Plavac-Rotweine, die sich durch große Individualität auszeichnen.

Auf der benachbarten Insel Korčula dominieren die weißen Reben, vor allem die Sorten Rukatac und Pošip. Sie werden meist in der Ebene nahe der Ortschaften Smokvica und Čara angebaut. Beide Weißweine verbinden eine herbe Frische mit sanften mineralischen Nuancen und dezent-angenehmen Aromen von wilden Aprikosen bzw. Pfirsichen. Inzwischen gibt es sogar im Fass vergorene Varianten. Einen sehr respektablen Pošip-Weißwein mit dichter Frucht und nicht zu wuchtigem Körper bietet der Familienbetrieb Šain-Marelić in Čara an. Die auf Korčula verbreitete Rebsorte Rukatac, die manchmal mit Pošip verschnitten wird, heißt in anderen Weingebieten Dalmatiens Maraština.

MERIAN-Spezial

WEISSWEIN-RARITÄT

Eine seltene Weißwein-Spezialität ist der Grk, der nahe der Ortschaft Lumbarda im Osten der Insel Korčula auf Sandböden kultiviert wird. Er zeigt ein zartbitteres, vom Sand herrührendes Aroma und gesellt sich bestens zu zarten Fischgerichten. Leider wird der Grk nur in sehr begrenztem Umfang angebaut. Nur wenige Produzenten stellen reinsortigen Grk her, oft wird er mit anderen Rebsorten verschnitten.

Sehr erfreulich haben sich die Weinqualitäten an den Südhängen der Insel Hvar entwickelt. Angebaut werden hier die weißen Sorten Bogdanuša, Zavala und Maraština sowie die roten Sorten Plavac mali, Faros und Babić. Die bedeutendsten Weinbau-Gemeinden heißen Sveta Nedelja, Ivan Dolac und Zavala. Berühmtester und erfolgreichster Winzer ist derzeit Zlatan Plenković, der seine Weine im Weiler Sveta Nedelja vinifiziert. Aber auch andere – vor allem junge – Winzer machen mit interessanten Innovationen von sich reden. Ein origineller Wein kommt aus der weiter östlich gelegenen Gegend von Bogomolje. Es ist ein Muskatwein mit dem Namen Prč.

VIELFÄLTIGE REBSORTEN

Erwähnenswerte Weine aus dem Küstenbereich sind der Debit, ein leichter Weißwein aus der Gegend von Šibenik; der Babić, ein gefälliger, nicht gerade tiefgründiger Rotwein aus der Gegend von Primošten sowie der weiße bzw. rote Kaštelet, aus der Rebsorte Vranac bzw. Plavac gekeltert. Weitere durchweg charaktervolle Weine werden auch bei den Gemeinden Gruda und Komaji südöstlich von Dubrovnik sowie auf der Insel Vis hergestellt.

Empfehlenswerte Winzer
Šain-Marelić, Čara (Korčula);
Tel. 0 20/83 31 66 und 83 40 01
Matuško vina, Potomje (Pelješac);
Tel. 0 20/74 23 93 (Führungen in deutscher Sprache)
Grgić vina, Trstenik (Pelješac);
Tel. 020/748090, 74 80 82 und 74 11 53
Frano Miloš, Ston-Ponikve (Pelješac);
Tel. 0 20/75 30 98
Branimir Cebalo, Lumbarda (Korčula);
Tel. 0 20/71 20 44

Weitere Infos zum Thema
dalmatinische Weine unter:
····⋗ www.kroatische-weine.de

Reben, so weit das Auge blickt: hier auf der Insel Pelješac, wo vor allem die Rotweinsorte Plavac mali angebaut wird.

Einkaufen

Ob Honig, Kräuter oder Olivenöl – die Bauernmärkte bieten eine Fülle schmackhafter Souvenirs.

Gemüse, Kräuter und Obst, Fleisch und Käse, aber auch Dinge des täglichen Gebrauchs werden auf den lebhaften Bauernmärkten wie hier in Split (→ S. 47) angeboten.

Einkaufen

Das Angebot an schönen und typischen Souvenirs ist nicht gerade üppig. Vielfach werden industriell gefertigte Kitschartikel gehandelt. Erst seit kurzem werden wieder vereinzelt Souvenirs auf den Markt gebracht, die sich durch Individualität und Originalität auszeichnen.

Ein nach wie vor attraktiver Klassiker unter den dalmatinischen Souvenirs sind die Naturschwämme aus den Gewässern um die Insel Krapanj, die Heimat der Schwammtaucher, die zum Šibeniker Archipel zählt.

Würz- oder Heilkräuter wie Salbei, Oregano, Thymian, Rosmarin, Lavendel, Fenchel oder Kamille werden auf den Märkten angeboten. Manchmal sind sie in kleinen dekorativen Leinensäckchen verpackt. Die mit getrockneten Lavendelblüten gefüllten Leinensäckchen stammen meist von der Insel Hvar, wo der Anbau von Lavendel eine lange Tradition hat.

Mit der Hand gearbeitete Körbe aus dem Holz des Johannisbrotbaums sind inzwischen selten geworden; da und dort tauchen aber solche handwerklichen Raritäten doch noch auf. Dann sollte man zugreifen. Gleiches gilt für echte Holzschnitzarbeiten. Sehr dekorativ und praktisch sind mit der Hand gearbeitete Holzbecher für den Verzehr von Wein.

In besonders anspruchsvollen Souvenirläden oder in Geschäften für nautische Ausrüstung stößt man gelegentlich auf sehr schöne handgearbeitete Miniaturmodelle von traditionellen dalmatinischen Fischerbooten oder Schiffen. Die Modelle folgen Originalvorlagen, sind mit allen Details nachgebildet und zeigen Spezialboote für den Tintenfischfang, historische Fischdampfer oder diverse Segelboote. Die Anfertigung solcher Kleinodien aus der maritimen Welt ist in Dalmatien ein beliebtes Hobby bei Männern, die sich mit der Seefahrt besonders verbunden fühlen.

Unbedingt stets einen Besuch wert sind die kleinen wie großen Bauernmärkte, vor allem in Split, Dubrovnik, Makarska, Sinj, Šibenik oder Zadar. Obst, Gemüse, Fleisch, Fisch, Blumen, Wein, Olivenöl, eingelegte Oliven, Honig, Käse, Wurst und Schnäpse werden hier zumeist von kleinen und Kleinstproduzenten angeboten. Was eignet sich davon als Souvenir? Unbedingt die hausgemachten Frucht-, Kräuter- oder Walnussschnäpse; gerade die letzten beiden Varianten – »Travarica« und »Orahovica« – eignen sich gut als Digestif und fördern die Verdauung nach einem opulenten Essen. Auch wer naturbelassenen Honig mag,

Mediterrane Gewürze

wird auf diesen Märkten fündig. Geschmacklich sehr interessant sind Sortenhonige mit einem hohen Anteil an Salbei, Lavendel, Rosmarin oder Thymian. Eine Rarität ist Mandelhonig. Bekannt für guten Honig sind die Inseln Šolta, Ugljan und Pašman. Beim Kauf von Olivenöl sollte man sich davon überzeugen, dass das Öl noch intensiv duftet und hinreichend fruchtig schmeckt. Es darf keinesfalls auf dem Wochenmarkt lange in der prallen Sonne gestanden haben, was die Qualität des Öls drastisch mindert. Trockenfeigen werden gern auf einer Kordel zu einer Kette aufgefädelt; zwischen jeder Feige ist ein Lorbeerblatt aufgereiht. Auch diese dekorativen Feigenketten – sie werden meist ab September auf den Märkten angeboten – sind schöne Souvenirs.

Auch dalmatinische Weine, die in den letzten Jahren eine enorme Qualitätsverbesserung verzeichnen, eignen sich durchaus gut als Mitbringsel (→ MERIAN-Spezial, S. 18).

Empfehlenswerte Geschäfte und Märkte finden Sie jeweils bei den Orten im Kapitel »Unterwegs an Kroatiens südlicher Küste und auf den Inseln«.

Feste und Events

Patronatsfeste und volkstümliche Darstellungen von historischen Ereignissen sind am beliebtesten.

Ein besonderes Ereignis im Festkalender ist der martialische Schwertanz in historischen Kostümen, der Jahr für Jahr auf der Insel Korčula (→ S. 67) aufgeführt wird.

Feste und Events

Im katholischen Dalmatien besitzt selbst das kleinste Dorf zumindest einen Schutzpatron oder eine Schutzpatronin. Ihm oder ihr wird alljährlich ein Fest mit Messfeier, Prozession, Segnungen und begleitenden irdischen Vergnügungen gewidmet.

Andere Feste widmen sich historischen Begebenheiten – etwa den Siegen der Christen gegenüber den Moslems – bzw. Ereignissen aus dem Leben der Fischer oder Bauern. Besonders spektakulär ist das Reiterfest Sinjska Alka in Sinj am Wochenende vor dem Himmelfahrtsfest. In dieser ca. 40 km landeinwärts von Split gelegenen Ortschaft mit bedeutender Tradition in der Pferdezucht wird dieses Fest in Erinnerung an den Sieg über die Türken im August 1715 in pompösen historischen Kostümen gefeiert.

Ostern
Prozessionen während der Karwoche
Korčula-Stadt und Hvar-Stadt

April
Patronatsfest und Ritterspiele in Blato auf der Insel Korčula
Das Fest ist der örtlichen Schutzpatronin Sv. Vicenca (Heilige Vizenza) gewidmet. Kultur- und Unterhaltungsprogramm. Aufgeführt wird auch das Ritterspiel Kumpanija. Zwei Armeen kämpfen miteinander und müssen ihre Bereitschaft zur Verteidigung der Heimat auf drastische Weise unter Beweis stellen. Fahnentänze, Dudelsackmusik und dumpfe Klänge der großen Kriegstrommel. Die traditionelle Stieropferung wurde inzwischen abgeschafft.
Blato; 28. April

Mai
Fest des Stadtpatrons Sv. Duje
Umzüge durch Split unter der Beteiligung von bunt gekleideten Folkloregruppen.
Split; 7. Mai

Juni
Internationales Kinderfestival in Šibenik
→ Familientipps, S. 31

Juli
Makarska-Kultursommer
Sehenswerte Folkloreveranstaltungen, Konzerte, Poesieabende, Theaterdarbietungen sowie Ausstellungen zeigen einen kulturellen Querschnitt. Unterhaltungsprogramme während der »Fischernacht« und der »Nacht der Stadt«.
Makarska; 5. Juli–30. August

Großer Sängerwettstreit in Omiš
Klapa nennt man die typisch dalmatinischen Gesangsgruppen, wobei es sich um A-cappella-Chöre handelt. Viele gute Sänger aus der Region nehmen an diesem renommierten Wettstreit in der Küstenstadt teil. Nähere Informationen kann man unter www.fdk.hr abrufen.
Omiš; 2–3 Wochen Anfang/Mitte Juli

MERIAN-Tipp
Schwertertanz in Korčula-Stadt

Der berühmte Tanz Moreška erinnert an eine Begebenheit aus dem Mittelalter. Die Heere zweier Könige kämpfen gegeneinander. Der Sieger darf die entführte Frau Bula zur Frau nehmen. Aufgeführt wird das Spektakel in historischen Kostümen, die den Stil des 15. Jahrhunderts repräsentieren. Das eine Heer trägt schwarze, das andere rote Ritterkostüme. In diversen Szenen werden alle Ereignisse nachgespielt, die schließlich zum Sieg des weißen Königs über den schwarzen führen. Das gesamte Spektakel symbolisiert das Freiheitsstreben der hiesigen Bevölkerung.

29. Juli (Fest des Sveti Todor), aber auch zu anderen Terminen in der touristischen Hochsaison → S. 119, E 11

Feste und Events

Musik in Zadar
Orgel-, mittelalterliche und Kirchenmusik in der Kirche Sv. Donat. Außerdem Musik- und Kulturdarbietungen in der Altstadt inmitten des historischen Ambientes.
Zadar; Anfang Juli–Anfang August

Kultursommer in Split
Diverse Kulturveranstaltungen, Konzerte, Theater-, Folklore- und Kunstdarbietungen.
Split; Mitte Juli–Mitte August

Dubrovnik-Sommerfestival
Das Festival besteht bereits seit mehr als 55 Jahren und zieht Jahr für Jahr zahlreiche Besucher an. Großes internationales Kulturangebot mit Konzerten, Opern-, Ballett-, Folklore- und Theateraufführungen. Karten unbedingt rechtzeitig vorbestellen. Ausführliche Informationen und Vorbestellung von Karten im Internet:
www.dubrovnik-festival.hr oder
www.tzdubrovnik.hr;
Dubrovnik; Mitte Juli–Ende August

Patronatsfest in Čara auf Korčula
Dem Heiligen Jakobus (Sveti Jakov) gewidmet. Prozession sowie Aufführung der berühmten Kumpanija, eines 18 Figuren umfassenden Säbeltanzes, dazu Dudelsackmusik.
Čara; 25. Juli

AUGUST
Muschel- und Fischerfest (Brganja fešta)
Fische und Muscheln werden in Betina auf der Insel Murter kostenlos an die Festbesucher abgegeben. Dazu fließt reichlich Wein. Unterhaltungs- und Kulturprogramm.
Betina; 1. Sonntag im August

NOVEMBER
Fest des Heiligen Martin
Am Martinstag wird traditionell der noch junge Wein gesegnet. Auch in anderen Weinmetropolen ist dieser Brauch verbreitet. Manchmal werden auch geröstete Maronen zum jungen Wein gereicht.
Korčula-Stadt; 10./11. November

Die Karfreitagsprozession in Korčula (→ S. 67) gehört mit zu den stimmungsvollsten und andächtigsten religiösen Festen in der Region.

MERIAN Quiz

Stadtgründung dank Frühpension

Nichts sei schwieriger, erkannte General von Clausewitz, als der Rückzug aus einer unhaltbaren Lage. Wirklich nichts? Nun, die Räumung eines haltbaren Postens scheint auch nicht ganz leicht.

Stellen wir uns einen Staatsmann von heute vor, sehr einflussreich, vielleicht der Mächtigste weit und breit. Irgendwann merkt er, dass das Leben aus mehr bestehen könnte als: Delegieren, Befehlen, Kriege führen. Und so kündigt er und zieht sich aufs Land zurück, unweit seines Heimatortes. Doch weit genug, dass ihn frühere Bekannte nicht dauernd um Autogramme anhauen, kurz: ihm auf den Keks gehen.

Dort, irgendwo in der Provinz, hat er sich eine ordentliche Hütte hinstellen lassen, in unverbauter Landschaft, mit freiem Blick aufs Meer. Seine alten Tage lässt er stressfrei angehen und ohne Telefon. Manchmal wird er noch bekniet, einen Streit unter seinen Nachfolgern zu schlichten, ab und zu eine Beratung, that's all.

Nein, so was ist in der Tat unüblich. Kein Napoleon, kein Bismarck konnte das. Viele Herren in dieser Liga gingen in die Verbannung und/oder im Zorn. Als wäre anders abzutreten ihrer unwürdig. Jedoch gab es da mal einen Dalmatier, der machte es vor. Lange nach seinem friedlichen Tod kamen Nachfahren seiner einstigen Nachbarn vorbei. Unfreiwillig, auf der Flucht. Und so war der einstige Alterssitz des Prominenten erneut zu etwas nütze: Er wurde zum Kern einer schönen, neuen Stadt. Nur ... welcher?

Felix Woerther

Um wen, was oder welchen Ort geht es hier?

Wenn Sie die Lösung wissen, besuchen Sie uns doch im Internet unter **www.merian.de/quiz**. Unter den richtigen Einsendern verlosen wir Monat für Monat attraktive Preise. Viel Glück!

Sport und Strände

Im Vordergrund stehen die vielen Wassersportarten, aber auch Wandern wird immer populärer.

Die Kornaten, hier die Insel Mana, sind auch für anspruchsvolle Segler ein abwechslungsreiches Revier, das in Europa seinesgleichen sucht.

Sport und Strände

Die Festlandküste ganz Kroatiens hat eine Länge von 1778 km. Dieser Küste sind mehr als 700 kleine und größere, bewohnte und unbewohnte Inseln vorgelagert, dazu kommen etwa 500 Felsen und Riffe. Seit Jahrzehnten steht diese maritime Welt bei Freunden der Sportschifffahrt hoch im Kurs. In den vergangenen Jahren sind viele Marinas modernisiert und an die gewachsenen Ansprüche der Skipper angepasst worden. Nach dem Zerfall des 1983 gegründeten Adriatic Club Yugoslavia (ACY) ist heute in Kroatien weitgehend der Adriatic Croatia International Club (ACI) für nautische Dienstleistungen zuständig. Von den mehr als 40 Marinas an der ganzen kroatischen Küste werden etwa die Hälfte vom ACI betrieben. Auch Taucher und Windsurfer treffen vor allem in Dalmatien auf gute Bedingungen. Die Saison für Wassersportler dauert von Mai bis Oktober. Für andere Sportarten wie etwa Wandern, Reiten oder Rad fahren bietet Dalmatien zwar günstige Rahmenbedingungen, aber vielfach sind konkrete Serviceeinrichtungen für diese Sportarten noch im Aufbau begriffen.

ANGELN

Generell sind die Bedingungen in der gesamten Adria gut. Der Fischfang bis 5 kg täglich bedarf keiner besonderen Genehmigung. Harpunieren ist verboten. Strenge Schutzbestimmungen gelten vor allem im Nationalpark Kornati.

Interessante Reviere für den Fang von Süßwasserfischen sind der Binnensee **Vransko jezero** zwischen Zadar und Šibenik und das **Neretva-Delta**.

KLETTERN

Besondere Kletterrouten und Kletterwände wurden insbesondere auf der Insel Hvar in den Gemeindebezirken der Ortschaften Jelsa und Stari Grad eingerichtet. Es werden auch Kletterkurse angeboten. Infos beim Tourismusverband von Jelsa; Tel. 021/761017 bzw. www.tzjelsa.hr, oder beim Tourismusverband Stari Grad; Tel. 021/766231 bzw. www.stari-grad-faros.hr

PADDELN

Gute Bedingungen auf den Flüssen Cetina und Krka. Erfahrene und anspruchsvolle Paddler schätzen auch die Reviere der Kornatinseln vor Zadar und Šibenik sowie die nahe Dubrovnik gelegenen Reviere in der Umgebung der Inseln Koločep, Lopud und Šipan.

RAD FAHREN

Interessante Routen befinden sich auf den Inseln **Ugljan** und **Pašman** (flaches Gelände). Wer Touren im Gebirge vorzieht, wird das Straßennetz auf den Inseln **Korčula** und **Brač**, teilweise auch auf **Hvar** (reparaturbedürftige Straßen) vorziehen. Die Küstenstraße ist zu verkehrsreich für gemütliche Fahrradtouren. Landschaftlich abwechslungsreich und für Ungeübte meist gut zu fahren sind die Strecken auf den Inseln.

Spezielle Fahrradtouren und -ausflüge über die Insel Korčula können gebucht werden bei: Marko Polo Tours, Tel. 020/715400 und 715837 bzw. marko-polo-tours@du.tel.hr

Ein herausragendes landschaftliches Erlebnis ist eine Fahrradtour auf der Hauptstraße, die sich über die Insel Mljet erstreckt. Die Straße ist allerdings nicht überall in einem tadellosen Zustand.

RAFTING

Sehr beliebt sind Rafting-Touren auf der Cetina, die bei Omiš in die Adria mündet. Die Rafting-Touren werden in der Regel von Omiš aus organisiert. Infos beim dortigen Fremdenverkehrsamt.

Gute Rafting-Möglichkeiten bietet auch der Fluss Krka. Weite Teile des kaskadenreichen Unterlaufs sind als Nationalpark geschützt. Infos über

Sport und Strände

Rafting-Touren beim Fremdenverkehrsamt der Ortschaft Skradin.

SEGELN

Die dalmatinische Küste und die vorgelagerten Archipele gelten bei Hobbyskippern als großer Leckerbissen. Beliebt sind vor allem die den Küstenstädten Zadar und Šibenik vorgelagerten Inseln und Inselgruppen Dugi Otok, Nationalpark Kornati, Ugljan, Pašman, Kaprije, Žirje oder Zlarin sowie die gesamte süddalmatinische Inselwelt.

Informationen
ACI-Zentrale
HR-51410 Opatija, Maršala Tita 221;
Tel. 0 51/27 12 88, Fax 27 18 24

Informationen über das Segelrevier Dalmatien auch bei
Deutscher Segler-Verband
Vorhoelzerstr. 3, 81477 München;
Tel. 0 89/58 62 82 bzw. 7 91 65 75

Gute Surfmöglichkeiten am »goldenen Horn« bei Bol auf der Insel Brač.

SURFEN

Die attraktivsten Surfreviere liegen im Pelješki-Kanal zwischen der Ortschaft Viganj auf Pelješac und der gegenüberliegenden Insel Korčula sowie im Hvarski-Kanal zwischen der Ortschaft Bol auf Brač und der gegenüberliegenden Insel Hvar.

TAUCHEN

Besonders reizvolle Gebiete liegen im Bereich der Inselgruppen Dugi Otok und Kornati. Tauchschulen u. a. auf Dugi Otok, Murter, Brač, Hvar, Korčula, Mljet.

WANDERN

Es gibt zwar kaum markierte Wanderwege, dafür kann man jedoch anspruchsvolle Wanderungen in wilder Natur unternehmen, vor allem im Biokovo-Küstengebirge (Sveti Jure, 1762 m) nahe Makarska, im Bereich des Nationalparks Krka und in der Umgebung des Sveti Ilija (961 m) im Westen der Halbinsel Pelješac.

STRÄNDE

Groß ist die Zahl der kleineren Strände und Badebuchten. Viele Felsen- oder Kiesstrände. Hier benötigt man solide Badeschuhe, auch als Schutz gegen Seeigel. Die Zahl der Sandstrände ist gering. Aber auch Felsen- und Kiesstrände müssen nicht weniger angenehm sein; oft liegen sie in landschaftlich reizvoller Umgebung.

Bol ---> S. 118, C 10
Nahe diesem beliebten Urlaubsort an der Südküste der Insel Brac (→ S. 57) liegt der 600 m lange feinkiesige Strand **Zlatni rat**. Dies ist der berühmteste dalmatinische Strand. Er ziert zahllose Prospekte und ist in der Hochsaison ziemlich bevölkert. Gute Surfmöglichkeiten. Nahebei Hotels und Serviceeinrichtungen aller Art.

Brela ---> S. 117, F 8
Viel besuchter Badeort an der Makarska Riviera (→ S. 54). Kilometer-

Sport und Strände 29

Der Strand Zlatni rat (→ S. 58) gehört mit seinem feinen, fast goldfarbenen Kies zu den bekanntesten und schönsten Stränden von ganz Dalmatien.

lange feine Kieselstrände, auch in den Nachbarortschaften Baška Voda, Makarska, Tučepi und Podgora. Viele Hotels und Serviceeinrichtungen.

Lokrum ⇢ S. 121, D 15
Kleine, der Stadt Dubrovnik vorgelagerte Insel, die per Ausflugsboot ab dem Alten Hafen (Stara Luka) nahe dem Ploče-Tor erreicht wird. Auf der Insel findet sich ein Park mit schöner subtropischer Vegetation, vor allem aber einige Badestände, die an Sommertagen gern von Einheimischen und Touristen aufgesucht werden. Die Besichtigung von Dubrovnik kann mit einem Erholungsaufenthalt an den Stränden von Lokrum kombiniert werden.

Omiš ⇢ S. 117, E 8
Nahe der Cetina-Mündung gibt es mehrere kleinere, flache Sand- bzw. feinkiesige Strände, die auch für Familien mit Kindern gut geeignet sind. Serviceeinrichtungen.

Primošten ⇢ S. 116, B 7
Mehrere schöne Kieselstrandbuchten in direkter Umgebung der Ortschaft (→ S. 45).

Pupnatska Luka ⇢ S. 119, E 12
Einer der reizvollsten Strände auf der Insel Korčula. Betrieb herrscht hier höchstens im Juli und August. Ansonsten wird dieser geschützt in einer Bucht gelegene Kieselstrand an der Südseite der Insel Korčula fast nur von Kennern aufgesucht. Schatten nahebei, aber normalerweise keine regelmäßig geöffneten Versorgungseinrichtungen. Mit dem Auto kann man bis in die Nähe des Strandes gelangen. Zu erreichen ab der Inselhauptstadt Korčula auf der Landstraße in Richtung Vela Luka. Nach ca. 10 km ist die Ortschaft Pupnat erreicht. Wir bleiben auf der Hauptstraße. Nach etwa 1 km biegt links eine kleinere Straße südwärts von der Hauptstraße ab. Nach ca. 2 km ist der Strand von Pupnatska Luka erreicht.

Familientipps – Hits für Kids

Dalmatiens Küsten bieten Spaß für Kinder jeden Alters und den Eltern angenehme Entspannung.

Wassersport und unzählige Möglichkeiten, am und im Wasser zu spielen, begeistern ganze Familien vom Kleinkind bis zu den Erwachsenen.

Familientipps – Hits für Kids 31

Dalmatiens Küste und seine abwechslungsreiche Inselwelt lassen das Herz von großen und kleinen Kindern höher schlagen. Überall winken Badefreuden, und das türkis schimmernde Meer hält so manche Überraschung an Meeresgetier, Seevögeln und Delfinen bereit. Zum Baden seien die feinkiesigen Strände an der **Makarska Riviera** oder bei **Bol** auf der Insel Brač zu empfehlen. Für die vielen Kies- oder Felsenstrände macht es Sinn, auch für Kinder stabile Wasserschuhe aus Plastik mitzunehmen. Auch die Taucherbrille sollte man nicht vergessen: Im klaren Wasser der Adria können interessante Steine und Lebewesen betrachtet werden.

Wer in der Großstadt Split Aufenthalt hat und seinen Kindern etwas bieten möchte, begebe sich auf die begrünte, nicht so sehr vom Verkehr dominierte **Marjan-Halbinsel** im Westen der Stadt. Hier gibt es auch einen kleinen Zoo, Spielplätze für Kinder und viel Raum für Freizeitunternehmungen. In Dubrovnik empfiehlt sich mit Kindern ein Rundgang auf der historischen Stadtmauer, von wo aus Klein und Groß den besten Überblick über den Altstadtkern genießen können.

Hotel Horizont in Baška Voda
⇢ S. 118, E 10
Besonders kinderfreundliches Großhotel an der Makarska Riviera mit flach abfallendem Kiesstrand in direkter Nähe. Eigener Kinderspielplatz und vorbildlicher Kinderklub für Kinder zwischen 3 und 12 Jahren. Im Sommer spezielle Kinderprogramme.
Baška Voda; Tel. 0 21/62 01 00 und 60 45 55, Fax 62 06 99; www.hoteli-baskavoda.hr; 190 Zimmer ●● CREDIT

Internationales Kinderfestival in Šibenik ⇢ S. 116, B 6
Das bedeutendste Fest in Šibenik wird in Zusammenarbeit mit UNICEF veranstaltet. Zwei Wochen im Juni verwandelt sich der Ort in ein internationales Forum für Kultur und Unterhaltungsangebote für Kinder. Geboten werden Mal- und Schreibwettbewerbe, Puppentheater, Filmvorführungen, Spiele und Ballettdarbietungen sowie ein Feuerwerk.

Informationen erhält man beim örtlichen Infobüro des Fremdenverkehrsverbandes; Tel. 0 22/21 44 21, Fax 21 42 66.

Malakološki muzej in Makarska
⇢ S. 119, E 10
Das Muschelmuseum ist im historischen Franziskanerkloster untergebracht. Rund 3000 verschiedene Muscheln aus fünf Kontinenten in allen Größen, Formen und Farben sind hier zu bestaunen. Eindrucksvolle Sammlung für Musikliebhaber allen Alters.
Franjevački put 1, 21300 Makarska; Tel. 0 21/61 12 56; tgl. geöffnet, keine festen Öffnungszeiten, vor Besuch im Kloster Bescheid sagen; Eintritt 10 Kuna, Gruppen pro Person 5 Kuna

MERIAN-Tipp

★ Bunari – die Geheimnisse von Šibenik

Die originelle Schau in der historischen Zisterne von Šibenik ist weitgehend auf Kinder und Familien zugeschnitten. Objekte und Arrangements veranschaulichen die eindrucksvolle Verteidigungsarchitektur der Stadt, die Wasserversorgung, die Lage von Schiffswracks und die unterschiedlichen in der Region gebräuchlichen Schiffstypen. Auch die Zisterne selbst ist sehenswert.

Ulica Put Palih omladinaca (gegenüber der Kathedralenfassade) in Šibenik; www.experia.hr; zwischen Juni und Sept. tgl. 8–12 Uhr, ansonsten auf Anfrage im angegliederten Café; Eintritt 25 Kuna, Kinder 15 Kuna
⇢ S. 41, C 2

Unterwegs an Kroatiens südlicher Küste und auf den Inseln

Von der Festung Sveti Mihovil in Šibenik (→ S. 40) genießt man einen weiten Blick auf das Meer und auf die vorgelagerten Halbinseln, Inseln und Inselchen.

Monumente aus römischer, venezianischer oder altkroatischer Zeit finden Sie entlang der Küste und auf den Inseln. Dazu kommt ein sympathisches mediterranes Ambiente.

Zadar und Šibenik

Monumente und Objekte der kroatischen Kulturgeschichte sind in beiden Städten zu besichtigen.

Bars und Cafés rund um die großzügigen Plätze in Zadars venezianisch geprägter Altstadt ziehen schon im Frühjahr sonnenhungrige Müßiggänger an.

Zadar

Wer aus der Metropole Split anreist, erfährt Zadar und Šibenik als gemütliche Kleinstädte, in denen eine angenehme Gemächlichkeit waltet. Auch die Belästigung durch den Autoverkehr ist in beiden Altstädten erträglich. Vor allem in Zadar spürt man einen schwungvollen Aufbruch bei der Restaurierung der historischen Gebäude, Monumente und Überreste der Stadtmauer. Ähnliches erlebt das am Hang liegende historische Zentrum von Šibenik im Umkreis der inzwischen im Außenbereich gründlich restaurierten Kathedrale. Beide Ortschaften verleiten zu Ausflügen auf die vorgelagerten Inseln oder zu Touren ins Hinterland.

Zadar ⇢ S. 114, C 2

85 000 Einwohner
Stadtplan → S. 37

Die Altstadt mit den interessantesten historischen Bauwerken liegt auf einer schmalen Halbinsel und lässt sich in einem halben Tag besichtigen. Viele Häuser und Monumente zeigen Bauformen aus der venezianischen Periode der Stadtgeschichte. Man spürt das typische, von Gelassenheit und Flaniervergnügen geprägte Ambiente einer adriatischen Hafenstadt, die in letzter Zeit zunehmend restauriert und verschönert wird.

Die Hafenstadt an der Adria – heute Verkehrsknotenpunkt, Handelsmetropole und Verwaltungszentrum – war schon in prähistorischer Zeit eine illyrische Siedlung. Jader, Jadra oder auch Jadera hieß Zadar seinerzeit. Im 2. Jh. vor Christus unterwarfen die Römer die Stadt, bauten ein Kapitol, Befestigungsanlagen, Thermen und einen Aquädukt, der Süßwasser aus der Gegend um den Vransko jezero herbeiführte. Relikte aus illyrischer, griechischer und römischer Zeit sind heute im Archäologischen Museum zu sehen. Auch Teile des römischen Forums haben überdauert.

Hotels/andere Unterkünfte

Kolovare ⇢ S. 37, östl. f 3
Großes, modernisiertes Hotel in der Nähe der historischen Sehenswürdigkeiten, direkt am Meer gelegen. Pool, Fitnesszentrum, Konferenzsaal. Klimaanlage in den meisten Zimmern. Viele Geschäftsleute und Urlaubsgruppen. Zeitgemäße praktische Ausstattung.
Bože Peričića 14;
Tel. 0 23/20 32 00, Fax 20 33 00;
www.hotel-kolovare-zadar.htnet.hr;
210 Zimmer ••• CREDIT

Albin ⇢ S. 37, nordöstl. f 1
Nördlich des Stadtzentrums im Viertel Borik gelegene Privatpension mit angeschlossenem Restaurant. Engagiert geführter Familienbetrieb. Saubere, modern eingerichtete Zimmer. Ruhige Lage, gastliches Ambiente. Empfehlenswert ist auch das gastronomische Angebot der angeschlossenen Restaurants. Ganzjährig geöffnet.
Put Dikla 47; Tel. 0 23/33 11 37,
Fax 33 21 72; www.albin.hr; 14 Zimmer
•• CREDIT 🐕

Spaziergang

Ausgangspunkt ist die zweigeschossige Rundkirche **Sv. Donat** im Herzen der Altstadt. Angeschlossen an dieses originelle Bauwerk altkroatischer Architektur ist die Kirche **Sv. Stošija** aus dem 14. Jh. In direkter Nachbarschaft liegt das berühmte **Forum** aus der römischen Kaiserzeit mit Säulen, Treppenfragmenten und Kapitellen. Gegenüber befinden sich die beiden bedeutendsten Museen der Stadt: das **Archäologische Museum** mit Funden aus illyrischer, griechischer und römischer Zeit und das **Museum für Gold und Silber Zadars** im Benediktinerinnenkloster. Nach den Museumsbesuchen begeben wir uns auf die **Široka ulica**, die zentrale Einkaufsstraße in der Altstadt. Die Straße bringt uns zum beliebtesten Platz inmitten der Altstadt, dem **Narodni trg**, und dann weiter über die **E. Kotromanić** zur Kir-

MERIAN-Tipp

4 Das Gold und Silber Zadars

Im an das Archäologische Museum angrenzenden Benediktinerinnenkloster (Kirche Sv. Marija) zeigt eine Dauerausstellung wundervolle Objekte der Kirchenkunst. Kostbare Reliquienbehälter, Kreuze, Monstranzen, Ikonen, Stickereien, Kelche, Statuen, Heiligenbilder von venezianischen Meistern und eine sehr lebendig geschnitzte Holzskulptur der zwölf Apostel. Die Sammlung – auch Schatzkammer genannt – lohnt unbedingt eine Besichtigung. Infos in Englisch.

Trg opatice cike 1 (gegenüber der Donatus-Kirche); Mo–Sa 10–13 und 18–20, So 10–13 Uhr; Eintritt 20 Kuna, Gruppen 10 Kuna ⤑ S. 37, c 2

Die Gold- und Silbersammlung in der Kirche Sv. Marija in Zadar gilt als eine der bedeutendsten der kroatischen Kirchenkunst.

che **Sv. Šimun**, in der der Schrein des Heiligen Simeon, gefertigt aus mehr als 250 kg Gold und Silber, aufbewahrt wird. Am **Trg Petra Zoranića** biegen wir in südwestliche Richtung ab und erreichen nahe der Foša-Bucht die imposante **Zitadelle**. Sie flankiert das südliche Ende der Altstadt. Der wuchtige Befestigungsbau, dessen Innenhof gelegentlich als Freilichtbühne genutzt wird, stammt aus dem Jahr 1548. Errichtet wurde die Zitadelle von den Venezianern.

Sehenswertes

Donatskirche/Sv. Donat und Domkirche St. Anastasia/ Sv. Stošija ⤑ S. 37, c 2

Die Rundkirche Sv. Donat aus dem 9. Jh. ist dem Bischof Donatus geweiht, der im 8. und 9. Jh. in Zadar tätig war. Der markante Kirchenbau zählt zu den herausragenden Denkmälern der altkroatischen Architektur. Wegen der besonders guten Akustik in der Kirche finden hier häufig Konzerte statt. Verbunden ist die Kirche mit dem Dom Sv. Stošija, der erst im 14. Jh. vollendet wurde. Sehenswert sind hier vor allem das hölzerne Chorgestühl aus dem 15. Jh., der Sarkophag der heiligen Anastasia und die restaurierte Taufkapelle.

Trg Sv. Stošije; tgl. 9–13 Uhr; Eintritt 6 Kuna, in Gruppen pro Person 3 Kuna

Kirche des Heiligen Simeon/ Sv. Šimun ⤑ S. 37, e 2

Die Kirche des Heiligen Simeon (Sv. Šimun), deren älteste Teile aus dem 14. Jh. stammen, zeigt baugeschichtliche Züge des Barock und birgt einen kunstvoll gearbeiteten Sarkophag mit den Gebeinen des Heiligen Simeon. Er wurde im 14. Jh. von italienischen und kroatischen Kunsthandwerkern geschaffen. Mehr als 250 kg Gold und Silber wurden für diese Kostbarkeit verarbeitet. Sie zeigt bildhafte Motive aus der Geschichte sowie die Figur des Heiligen Simeon.

Trg Šime Budinića

Zadar 37

Römisches Forum ⟶ S. 37, b/c 2
Die Reste dieses Forums aus der römischen Kaiserzeit wurden erst nach Ende des Zweiten Weltkrieges entdeckt, als man in Zadar den Schutt der starken Kriegszerstörungen wegräumte. Die erhalten gebliebenen Säulen, Kapitelle und Treppenfragmente lassen erkennen, wie groß das Forum einst gewesen sein muss. Heute ist es durch Parkanlagen und die Uferstraße vom Meer getrennt.
Zeleni Trg

MUSEEN
Archäologisches Museum
⟶ S. 37, c 2
Gegenüber dem römischen Forum gelegen. Umfassende Sammlung von Funden aus der Steinzeit bis zum Mittelalter. Römische Alltagsgegenstände, Grabbeigaben, Schmuckstücke und Inschriften belegen die Geschichte der Stadt und Dalmatiens. Besonders beeindruckend sind die altkroatischen Exponate wie Grabkeramik, Schmuckstücke und religiöse Objekte. Auch Sarkophage, Kreuze, Holzschnitzereien und Skulpturen aus den Kirchen von Zadar und Umgebung.

Trg opatice čike 1; Mo–Fr 9–13 und 17 bis 20, Sa 9–13 Uhr; Eintritt 15 Kuna (inkl. Besuch von Sveti Donat), Gruppen 5 Kuna pro Person

ESSEN UND TRINKEN
Kornat ⟶ S. 37, a 2
Das anspruchsvollste Restaurant in der Altstadt. Edle, gepflegte Einrichtung. Meeresfrüchte und Fischgerichte nach typisch dalmatinischen Rezepturen. Auch deftige Fleischgerichte werden gekonnt zubereitet. Attraktive Lage in der Nähe des Hafens, Blick auf die Fährschiffe. Umfassende Auswahl an kroatischen Weinen. Mehrfach ausgezeichnet für seine kulinarischen Leistungen und den professionellen Service.
Liburnska obala 6; Tel. 0 23/25 45 01; in der Saison tgl. geöffnet ●●● CREDIT

Albin ⟶ S. 37, nordöstl. f 1
Restaurant der gleichnamigen Familienpension im Residenzstadtteil Borik. Seit 1987 renommiertes gastronomisches Angebot. Muscheln, Langusten, Scampi, Seehecht, Seebarsch, Brassen, auch diverse Fleischspeisen. Engagierter Service.
Put Dikla 47; Tel. 0 23/33 11 37 ●● CREDIT

Nur wenige Mönche leben noch im einzigen Benediktinerkloster Kroatiens, das nordwestlich der Ortschaft Tkon auf dem Berg Ćokovac liegt.

Zadar – Ugljan und Pašman

Foša ⤏ S. 37, e 3
Fischrestaurant mit Terrasse. Langusten, Miesmuscheln, Tintenfische, Zahnbrasse, Seehecht. Beliebt bei Einheimischen wie Touristen vor allem wegen der reizvollen Lage am Rande der Foša-Bucht nahe der Bastion (Blick auf Inseln und Meer). Durchschnittliches kulinarisches Niveau.
Kralja Dmitra Zvonimira 2;
Tel. 0 23/31 44 21 ●● CREDIT

Niko ⤏ S. 37, nordwestl. f 1
Rundweg empfehlenswertes, betont gemütliches Restaurant, außerhalb der Altstadt auf der Halbinsel Puntamika gelegen. Einrichtung im Stil einer Fischertaverne, überdachte Terrasse. Rund 50 Jahre Tradition. Ab und zu Livemusik auf dem Piano. Rund 100 Weine im Angebot. Tadellos zubereitete Fischgerichte. Sehr delikat: die Niko-Fischplatte oder die Scampi in rohem Schinken. Das originellste Restaurant am Ort.
Ob. kneza Domagoja 9;
Tel. 0 23/33 11 38; tgl. geöffnet ●● CREDIT

Zlatni vrtić ⤏ S. 37, d 2
Privat geführte Gaststätte in der Altstadt. Lauschiger Innenhof unter schattigen Bäumen. Zünftiges Ambiente. Vor allem Grillgerichte.
Borelli 12 (gegenüber dem Gerichtsgebäude); So geschl. ● CREDIT

Einkaufen

Maraska ⤏ S. 37, b 2
Getränkepalette der ortsansässigen Firma Maraska. Fruchtsirup, Destillate, Liköre im dalmatinischen Stil.
Ulica Mate Karamana Ecke Ulica Jakše Čedomila-Čuke

Tržnica ⤏ S. 37, d 1
Viel besuchter Bauernmarkt in der Altstadt. Verkauf von Gemüse, Obst, Blumen, Fisch (Ribarnica), Fleisch. Viele Kleinbauern aus dem Hinterland bieten hier ihre Feldfrüchte an.
Dalmatinskog sabora; Mo–Fr bis ca. 13 Uhr

Am Abend

Cavana Central ⤏ S. 37, d 2
Originell eingerichtete Cafébar und viel besuchter Treff von Jugendlichen. Schwungvolle Musik.
Široka ulica 3

Lovre ⤏ S. 37, d 2
Beliebtes Terrassencafé im Zentrum der Altstadt. Gemischtes Publikum.
Narodni Trg 1

Service

Ankunft/Abfahrt
Fähr- und Schiffslinien
Tel. 0 23/21 20 03 (Fährverbindungen nach Italien)

Flughafen
Tel. 0 23/31 29 30 und 3 13 33 11

Auskunft
Informationsbüro des Fremdenverkehrsverbandes ⤏ S. 37, d 2
Mihe Klaiča 2 (am Narodni Trg),
Tel. 0 23/31 61 66
Zentrale des Fremdenverkehrsverbandes
Tel. 0 23/21 22 22 und 21 24 12;
E-Mail: tzg-zadar@zd.htnet.hr

Ziele in der Umgebung
Ugljan und Pašman
⤏ S. 114, B 2/C 3

Die Insel Ugljan ist von Zadar aus in kurzer Zeit mit der Fähre zu erreichen und gilt ebenso wie die Nachbarinsel Pašman – beide Inseln sind durch eine Brücke verbunden – als beliebtes Naherholungsgebiet. Auf beiden landschaftlich reizvollen Inseln ist der Anbau von Oliven, darunter die seltene Sorte Puljke, weit verbreitet. Ugljan hat ca. 7000, Pašman rund 3000 Einwohner.

Eine Fähre verbindet die Küstenstadt **Biograd na Moru** mit der kleinen Ortschaft **Tkon** auf Pašman. Hauptsiedlung auf Ugljan ist der Fährort **Preko**. Ihm ist eine kleine Insel vorgelagert, auf der sich ein für die Öffentlichkeit nicht zugängliches Franziskanerkloster befindet. Die Nachbarortschaft **Kali** war einst ein berühmter Heimatort von Fischern und Seeleuten, die im Ausland gutes Geld verdienten. Lohnend ist von Preko aus der Aufstieg zur Festung **Sv. Mihovil** aus dem 13. Jh. Von oben eröffnet sich ein beeindruckender Blick auf die Nachbarinseln **Iž** und **Dugi Otok**. Im Ort gibt es mehrere kleine Geschäfte, Restaurants und gemütliche Bars, die an den Wochenenden sehr gerne von den Besuchern aus Zadar aufgesucht werden.

Die Insel Pašman ist außerhalb der Monate Juli und August ein Hort der Ruhe und verfügt über wenige Privatunterkünfte. Der Hauptort heißt ebenfalls Pašman. Neben Oliven werden vor allem Kirschen, Feigen und Weinreben in kleinem Umfang angebaut. Sehenswert ist das Benediktinerkloster aus dem 12. Jh., das nahe der Ortschaft **Tkon** liegt.

MERIAN-Tipp

5 Vransko jezero

Nahe der Küstenmagistrale zwischen Zadar und Šibenik liegt dieser ca. 12 km lange und bis zu 4 km breite Süßwassersee. Der reizvoll von Hügeln und Feldern umgebene See, der durch einen Kanal mit dem Meer verbunden ist, ist ein beliebtes Ziel für Angler, die dort vor allem Hechte, Aale, Karpfen und Welse erbeuten.

Die liebliche, unverbaute Landschaft in der Umgebung verlockt auch zu Wanderungen. Restaurants am Ufer oder in der Umgebung bieten Süßwasser-Fischgerichte an. Mehrere beschilderte Fahrrad- und Wanderwege in der Umgebung laden zu sportlichen Aktivitäten ein.

30 km südöstl. von Zadar

⟶ S. 115, D 3

SERVICE
Auskunft
Fremdenverkehrsbüro
Preko; Tel. 0 23/8 60 12
Fremdenverkehrsbüro
Pašman; Tel. 0 23/26 01 55

SERVICE
Camping
Autocamp Crkvine
Großer Campingplatz mit Kapazitäten für 600 Gäste. Direkt am nordwestlichen Seeufer an der Straße in Richtung Vrana gelegen. Ausgabe von Angellizenzen, Bootsverleih. Angeschlossen ist ein Restaurant, spezialisiert auf Fischgerichte.
Tel. 0 23/38 14 33, Fax 38 19 06

Šibenik ⟶ S. 116, B 6

40 000 Einwohner
Stadtplan → S. 41

Verglichen mit anderen Städten an der dalmatinischen Küste ist Šibenik relativ jung. 1066 wird die Siedlung an der Mündung der Krka zum ersten Mal urkundlich erwähnt. Castrum Sebenici lautete seinerzeit der Name. Nach 1412 wurde die Stadt in die Republik Venedig integriert und erlebte für rund vier Jahrhunderte eine Blütezeit. Zahlreiche Monumente stammen aus dieser Epoche.

Ähnlich wie die Nachbarstadt Zadar wurde Šibenik zwischen 1991 und 1994 von der jugoslawischen Armee beschossen; mehrere Gebäude, darunter die Kathedrale, wurden beschädigt. Inzwischen sind die Schäden behoben. Außerdem wurde die Kirche im gesamten Außenbereich vollkommen gesäubert und restauriert. Im Dezember 2000 wurde die restaurierte Kathedrale von der UNESCO zum Weltkulturerbe erklärt. Die ehemals von Metall erzeugenden Betriebe beherrschte Wirtschaftsstruktur Šibeniks wird derzeit Schritt für Schritt an zeitgemäße Umweltstandards angepasst. Die Stadt liegt zwischen den

Ugljan und Pasman – Šibenik

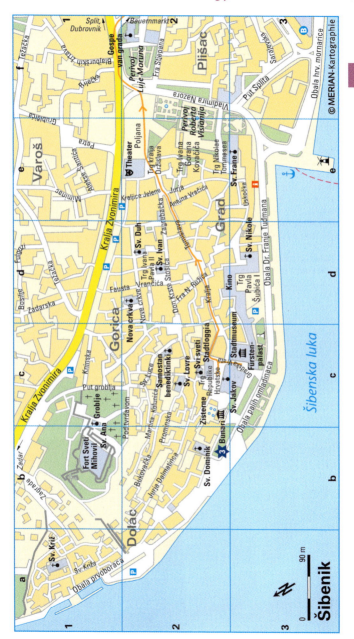

beiden Nationalparks **Krka** und **Kornati** und erhofft sich einen wirtschaftlichen Aufschwung durch den bislang noch nicht stark entwickelten Tourismus.

Hotels/andere Unterkünfte
Jadran ---> S. 41, d 3
Traditionshotel in der Altstadt zwischen Kathedrale und Nikolaus-Kirche gelegen. Keine besonderen Extras. Manche Zimmer haben einen Blick auf die Uferpromenade und das Wasser der Krka. Nach wie vor bedürfen einige Zimmer und Gesellschaftsräume einer Modernisierung.
Obala oslobodenja 52;
Tel. 0 22/21 26 44, Fax 21 24 80;
www.rivijera.hr; 57 Zimmer ●● CREDIT

Jugendherberge/Youth Hostel Subičevac ---> S. 41, nördl. f 1
Put Luguša; Tel. und Fax 0 22/21 64 10

Spaziergang
Der Spaziergang beginnt vor der im 16. Jh. vollendeten **Kathedrale Sv. Jakov**, dem bedeutendsten historischen Bauwerk der Stadt. Sie liegt im Zentrum der Altstadt und zugleich in Ufernähe. Direkt gegenüber der Uferstraße liegt das **Stadtmuseum** von Šibenik, in dem eine Sammlung zur Geschichte der Stadt zu sehen ist. Durch die **Gradska vrata** gelangen wir zum **Trg Republike Hrvatske**. Das beherrschende Gebäude ist hier die prächtig verzierte Stadtloggia (heute mit Restaurant im Parterre) aus dem 16. Jh. Sie diente einst als Rathaus und lässt in ihrer architektonischen Größe die einstige Bedeutung Šibeniks erahnen. Durch die belebte Altstadtgasse **Kralja Tomislava** mit ihren zahlreichen Geschäften gelangen wir zum **Trg kralja Držislava** und dann weiter zur großen Durchgangsstraße **Kralja Zvonimira**. Hier biegen wir in die **Ante Starčevića** ein und erreichen bald den **Tržnica**, den belebten Wochenmarkt. Bei einem Bummel über den Markt (nur vormittags) endet der Spaziergang.

Sehenswertes
Stadtloggia ---> S. 41, c 2
Sie stammt aus dem 16. Jh. und barg ehemals das Rathaus der Stadt. Nach der Zerstörung des Gebäudes im Zweiten Weltkrieg wurde die Loggia im ehemaligen Stil rekonstruiert. Die Pracht des Bauwerks mit Arkadenbögen, filigranen Fensterfeldern und einem Balkon, von dem einst die Repräsentanten der Stadt Volksreden hielten, versinnbildlicht die einstige

Die Stadtloggia Šibeniks erzählt von der Bedeutung der Stadt im 16. Jahrhundert.

Bedeutung Šibeniks. Im Parterre ist heute ein stilvoll eingerichtetes Café-Restaurant untergebracht.
Trg Republike Hrvatske

Sv. Jakov ⸺> S. 41, C 2/3
Die Kathedrale der Stadt – Baubeginn 1433 unter der Herrschaft Venedigs – gilt als bedeutendster Sakralbau seiner Zeit. Vor allem italienische Architekten waren in den ersten Jahren am Bau tätig. Spektakulär für die damalige Zeit: das Tonnengewölbe aus ineinander greifenden Steinplatten über dem Hauptschiff. Verwendung fanden der heimische Kalkstein und Marmor der Insel Brač. In einem Fries um die Apsiden des Chores sind an der Außenwand 70 steinerne Porträtköpfe zu sehen. Die individuell gestalteten Köpfe zeigen Einwohner der Stadt aus dem 15. Jh.: Fischer, Kinder, Frauen, hoch gestellte Bürger. Geschaffen wurden die karikaturhaft überzeichneten Porträtköpfe von Juraj Dalmatinac, einem 1473 in Šibenik verstorbenen Bildhauer. Sehenswert im Innern der Kathedrale ist auch das von Dalmatinac konzipierte Taufbecken (Baptisterij – vorne rechts). Vor dem Gebäude steht eine von Ivan Meštrović 1961 geschaffene Skulptur des Bildhauers Juraj Dalmatinac. Er hat als Leiter der Bauhütte den Bau der Kathedrale – inzwischen Weltkulturerbe – wesentlich bestimmt.
Trg Republike Hrvatske

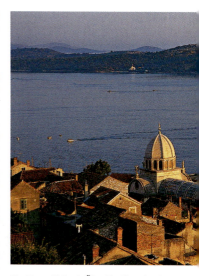

Maritimes Kleinod: Šibeniks Altstadt mit der Kathedrale Sv. Jakov.

MUSEEN

Bunari ⸺> S. 41, C 2
Neueres, noch im Aufbau begriffenes Museum im Innern der historischen Zisterne. Die sehr sehenswerte und nach modernen didaktischen und Designkonzepten aufgebaute Show widmet sich nach eigenen Aussagen den Geheimnissen von Šibenik. Die nach Themenbereichen geordneten Präsentationen beschäftigen sich mit der historischen Wasserversorgung, der Verteidigungsarchitektur, den Kopfskulpturen an der Kathedrale, den Schiffswracks und Schiffstypen der Vergangenheit, den architektonischen und kulinarischen Schätzen der Stadt und Region. Auch für Kinder interessant. Die Betreiber der Show bieten auch Schiffs- und andere Ausflüge in die Umgebung an.
Ulica Put Palih omladinaca (gegenüber der Kathedralenfassade); www.experia.hr; zwischen Juni und September tgl. von 8–12 Uhr, ansonsten auf Anfrage im angegliederten Café; Eintritt 25 Kuna, Kinder 15 Kuna

Stadtmuseum Šibenik/ Muzej Grada Šibenika ⸺> S. 41, C 3
Das neben dem Fürstenpalast Kneževa Palača gelegene Muzej Grada Šibenika widmet sich der frühen Stadt- bzw. Regionalgeschichte. Zu sehen sind Objekte aus illyrischer, vorrömischer und altkroatischer Zeit. Die Sammlung ist noch im Aufbau begriffen und ist außerhalb der Saison nur unregelmäßig geöffnet.
Gradska vrata 3; Mi, Fr, Sa, So 10–13, Di, Do 10–13 und 18–20 Uhr; Eintritt frei

Primoštens eng bebaute Altstadt ist noch von Teilen einer Wehrmauer umgeben.

Essen und Trinken
Zlatna Ribica ⇢ S. 116, B 7
Rund 7 km südlich der Stadt in der Küstensiedlung Brodarica gegenüber der Insel Krapanj gelegen. Anspruchsvollstes Restaurant der Gegend. Hier treffen sich die Reichen und Schönen und Geschäftsleute der Gegend. Großer, edel ausgestatteter Speiseraum. Weiträumige Terrasse direkt am Ufer. Solide zubereitete Fisch- und Fleischgerichte. Anspruchsvolle Weinkarte mit bekannten Marken aus Dalmatien, den im Hinterland Kroatiens gelegenen Anbaugebieten und aus Slowenien. Gute Auswahl an Spirituosen. Das Restaurant vermittelt auch Unterkünfte.
Krapanjskih spužvara 46, Brodarica; Tel. 0 22/35 03 00 ●●●/●●●● CREDIT

Dalmatino ⇢ S. 41, d 2
Im Zentrum der Altstadt in einer kleinen Gasse gelegene Taverne mit gemütlicher Einrichtung. Zünftiges Ambiente. Typisch dalmatinische Traditionsgerichte, Hausmannskost ohne besondere Extras. Respektable Weinauswahl.
FraNikole Ružiča 1; Mobiltel. 0 91/5 42 48 08; in der Saison tgl. geöffnet ●●

Tople ⇢ S. 116, A 6
Dieses seit 1970 bestehende Restaurant liegt ca. 25 km westlich der Stadt nahe dem großen Yachthafen von Tribunj. Blick auf die Marina.
V. Nazora 9, Tribunj; Tel. 0 22/44 15 73 und 44 04 03 ●●

Einkaufen
Caffe Shop Amigos ⇢ S. 41, östl. f 2
Kleines, gegenüber dem Markt gelegenes Geschäft für Kaffeesorten. Eigene Amigos-Kaffeemischung.
Ante Starčevića 3 D

Cromovens ⇢ S. 41, c 2
Direkt gegenüber der Kathedrale gelegener Souvenirshop mit einem beachtlichen Angebot. Kopien von historischen Landkarten Dalmatiens, Nachbildungen der Kopfskulpturen an der Außenwand der Kathedrale, Lederarbeiten, Schmuck, Korallen etc.
Trg Republike Hrvatske 4

Suvenirnica NP Krka ⇢ S. 41, d 2
Kunsthandwerk, Bilder und Skulpturen von Künstlern aus dem Hinterland sowie Informationen über den Nationalpark Krka. Wird von der Nationalparkverwaltung betrieben.
Trg Ivana Pavla II 5; 7–15 Uhr

Tržnica ⇢ S. 41, östl. f 2
Bauernmarkt im Stadtteil Plišac. Werktags von 7–13 Uhr.
Ante Starčevića

Am Abend
Café No. 4 ⇢ S. 41, d 2
Steakhouse, Bar, Café und beliebter Treff für junge Leute. Gemütlichkeit und gute Musik auf zwei Etagen. Oft Livemusik, Jazz, New Age.
Zagrebačka 4; am Wochenende bis gegen 2 Uhr

Šibenik – Primošten 45

SERVICE
Ankunft/Abfahrt
Fährstation (Jadrolinija) ···⫸ S. 41, e 3
Abfahrten auch zu den Inseln Zlarin, Kaprije und Žirje.
Tel. 0 22/21 34 68, Fax 21 86 63;
www.jadrolinija.hr

Auskunft
Informationsbüro des Fremdenverkehrsverbandes ···⫸ S. 41, e 3
Obala Dr. Franje Tudmana 5; Tel. 0 22/21 44 11 und 21 44 48, Fax 21 42 66;
E-Mail: tz.gradasibenika@si.t-com.hr

Ziele in der Umgebung
Krapanj ···⫸ S. 114, A/B 6/7

Von der Ortschaft Brodarica, ca. 7 km südöstlich von Šibenik gelegen, verkehren Fährboote hinüber zur kleinen autofreien Insel Krapanj, das bekannteste dalmatinische Zentrum der Schwammfischerei. Naturschwämme aus Krapanj werden heute an der ganzen dalmatinischen Adria als Souvenirs verkauft. Besuchenswert auf der 0,35 qkm kleinen Insel ist das Franziskanerkloster aus dem 14. Jh. Es ist nur in den Sommermonaten von 10 bis 12 und von 16 bis 19 Uhr geöffnet (Eintritt 10 Kuna) und zeigt außer einem Renaissancekreuzgang eine noch ungeordnete Sammlung von alten Taucherausrüstungen, Muscheln, Seeigeln usw. Eine Renovierung des Museums ist geplant. Im Café Žitak an der Fährstation kann man Naturschwämme kaufen. Diese Region ist auch ein Dorado für Korallentaucher.
Tel. 0 22/35 09 50 und 0 22/35 03 61

SERVICE
Ankunft/Abfahrt
Bahnhof
Tel. 0 22/33 36 96, 33 25 80

Auskunft
Touristenbüro
Krapanj-Brodarica; Tel. 0 22/35 06 12

Murter ···⫸ S. 115, D 3

Die Halbinsel Murter, westlich von Šibenik, ist rund 19 qkm groß und durch eine Drehbrücke mit dem Festland verbunden. Murter besitzt mehrere Badebuchten, einen bedeutenden ACI-Yachthafen, Ferienhäuser und Campingplätze. Von hier werden Ausflüge auf die Kornaten organisiert. Hauptorte sind Murter, Betina und Tisno.
30 km nordwestl. von Šibenik

HOTELS/ANDERE UNTERKÜNFTE
Gina
Beliebte, seit 1969 existierende Familienpension mit vielen deutschen und österreichischen Stammgästen. Vorzügliche Küche, auch Kuchen und andere Süßspeisen. Hauseigene Mole. Juli und Aug. oft ausgebucht. Von Nov. bis Ostern geschl.
Put Jazine 9, Tisno; Tel. und Fax 0 22/43 85 80; www.gina.hr; 13 Zimmer
●● ⌧

Primošten ···⫸ S. 116, B 7
1500 Einwohner

Knapp 30 km südwestlich von Šibenik an der Küstenmagistrale gelegene Ortschaft mit sehenswerter Altstadt. Das beliebte Touristenziel war ehemals ein Fischerdorf auf einer Insel; heute ist es mit dem Festland durch einen Damm verbunden. Schmucke historische Fischerhäuser und Teile der Stadtmauer haben überdauert. Sehenswert ist auch der alte Friedhof. Zahlreiche Tavernen. An der Küstenmagistrale in Ortsnähe liegt die kleine Privatpension Tepli Bok; Tel. 0 22/57 05 58.
28 km südl. von Šibenik

SERVICE
Auskunft
Touristenbüro
Tel. 0 22/57 11 11, Fax 57 00 43

Split und die Makarska Riviera

Die Metropole der dalmatinischen Küste zeigt alle Aspekte einer quirligen Großstadt.

Splits quirlige Altstadt wird vom Hafen und vom Diokletian-Palast (→ S. 48) beherrscht, der alleine schon einen Ausflug hierher rechtfertigt.

Kommt man als Tourist von den dalmatinischen Inseln in Split an, spürt man sofort die Hektik, das Verkehrsgetöse und das Menschengedränge einer ausgeprägten Metropole. Aber Split ist mehr als nur Verkehrsknotenpunkt für Fähren und Busse. Gewiss, im Hochsommer machen es Hitze und Autoverkehr anstrengend, die Reize der Stadt zu erleben. Aber die Bemühung lohnt, allein schon wegen des Diokletian-Palastes und der Meštrović-Galerie. Erholung vom urbanen Getümmel findet man auf der Marjan-Halbinsel am Meer oder im Grünen. Und mit dem Bus ist man im Nu in den Erholungsorten an der Makarska Riviera.

Split ⸺⤑ S. 119, D 7

200 000 Einwohner
Stadtplan → Umschlagkarte hinten

Die nach Zagreb zweitgrößte Stadt Kroatiens hat sich in jeder Hinsicht zur Metropole der gesamten Küstenregion entwickelt. Split hat im Krieg mit Jugoslawien weit weniger gelitten als andere Küstenstädte.

Die Stadt ist vor allem Verkehrsknotenpunkt, Kultur-, Wirtschafts- und Handelszentrum. Anders als auf den Inseln oder in kleineren Küstenortschaften spürt man hier das rasante, stets von Menschengedränge geprägte Ambiente einer Großstadt. Der Tourist erlebt Split zumeist als Tagesbesucher oder auf der Zwischenstation zu den vorgelagerten Inseln. Über den großen, im Sommer stets stark bevölkerten Fährhafen ist Split mit den beliebten Urlaubsinseln Šolta, Brač, Hvar, Korčula oder mit den weiter draußen in der Adria gelegenen Inseln Vis und Lastovo verbunden. Nach wie vor gilt der Diokletian-Palast als am meisten besuchtes touristisches Ziel. Wer im Sommer kommt und zu den Inseln weiterreisen will, sollte im chaotischen Getümmel der Fährstation Geduld und gute Nerven mitbringen.

Hotels/andere Unterkünfte
Vestibul
⸺⤑ Umschlagkarte hinten, b 2
Neueres Luxushotel in den historischen Mauern des Diokletian-Palastes. Restaurant, Bar, Transfer zum Flughafen, eigener Parkplatz. Viel Design und Komfort.
Iza Vestibula 4; Tel. 0 21/32 93 29, Fax 32 93 33; www.vestibulpalace.com; 7 Zimmer ●●●● CREDIT

Jadran Koteks
⸺⤑ Umschlagkarte hinten, b 6
Nahe der ACI-Marina am Ufer der Marjan-Halbinsel gelegenes Hotel aus jugoslawischer Zeit. Zweckmäßig eingerichtete Zimmer. Zwei Schwimmbäder in unmittelbarer Nähe. Mäßiges Frühstück. Ganzjährig geöffnet. Bei der schwierigen Hotelsituation in Split eignet sich dieses ruhig und zentral gelegene Hotel mit seinen Schwimmbädern noch am ehesten für eine Übernachtung auf der Durchreise. Eigener Parkplatz.
Sustipanski put 23; Tel. 0 21/36 15 99, Fax 36 13 81; 17 Zimmer ●●● CREDIT

Split ⸺⤑ Umschlagkarte hinten, südöstl. f 5
Außerhalb der Stadt nahe der Marina gelegenes Hotel. Frequentiert von kroatischen und internationalen Reisegruppen sowie Geschäftsleuten. Pool, Restaurants, Disco, Pizzeria, Kasino. Viele Zimmer sind schon etwas abgewohnt. Das Preisniveau korrespondiert nur bedingt mit dem Zimmerkomfort.
Put Trstenika 19; Tel. 0 21/30 31 11, Fax 30 30 11; www.hotelsplit.hr; 127 Zimmer, 12 Apartments ●●● CREDIT

Dujam
⸺⤑ Umschlagkarte hinten, östl. f 2
Etwas außerhalb der Altstadt gelegenes, aber doch noch gut zu erreichendes Zwei-Sterne-Hotel. Zu Fuß ab der Altstadt in 25 Minuten oder per Bus mit der Linie 9 ab dem Fährhafen zu erreichen. Saubere, einfach ausge-

stattete Zimmer. Leider kein Aufzug. Mäßiges Frühstück, freundlicher Service. Größter Vorzug ist der für Split relativ günstige Preis. Angeschlossen ist auch eine Jugendherberge (Omladinski Hostel). Viel jugendliches Publikum.
Velebitska 27; Tel. 0 21/53 80 25 und 53 80 27, Fax 53 72 58;
www.hoteldujam.com; 33 Zimmer und 2 Apartments ●●/●●● CREDIT

SPAZIERGANG
Er könnte beim großen Wochenmarkt nahe der **Sv. Dominik-Kirche** beginnen und führt zunächst zum **Diokletian-Palast** und zur **Kathedrale**. Achten Sie bei der Kathedrale unbedingt auf die monumentale Pforte. Sie wurde 1214 aus Walnussholz geschaffen und zeigt eine Vielzahl von handgeschnitzten Szenen aus dem Leben Christi. Nach der Besichtigung der Kathedrale gehen wir über die belebte **Krešimirova** und den **Narodni trg**, den zentralen und stets belebten Platz in der Altstadt. Der Spaziergang führt weiter über die Gasse **Kraj Sv. Marije**. Bei der Hausnummer 4 stoßen wir auf das stadtbekannte Delikatessengeschäft »Prehrana«, in dem dalmatinische Würste, Schinken, Weine und Süßwaren verkauft werden. Wir gehen weiter, überqueren die Marmontova und erreichen den **Trg Republike**. Er ist an drei Seiten von Gebäuden im Stil der Neorenaissance eingefasst, die in der zweiten Hälfte des vergangenen Jahrhunderts – inspiriert von der Architektur Venedigs – entstanden sind. Zur Seeseite hin liegt das altehrwürdige, leider etwas heruntergekommene Hotel Bellevue. Ihm angeschlossen ist ein Terrassencafé mit schönem Blick über den Platz und die flankierenden Gebäude. Hier mundet ein Erfrischungsgetränk besonders gut. Auch die breite Uferpromenade mit Palmen und schönen Cafés bietet sich für eine Pause an. Über die Uferpromenade gelangen wir zurück zum Wochenmarkt.

SEHENSWERTES
Diokletian-Palast/Dioklecijanova Palača ⤑ Umschlagkarte hinten, b 1/2
Diese für Kaiser Diokletian erbaute Palastanlage, entstanden zwischen 295 und 305, ist heute das imposanteste Denkmal römischer Zeit in Dalmatien. Der Gebäudekomplex umfasste eine Größe von 180 mal 125 m und wurde als römische Villa und Festung mit Wachtürmen und wehrhaften Mauern (18 m hoch und 2 m dick) angelegt. Viele Broschüren über den Diokletian-Palast enthalten eine interessante Zeichnung, die verdeutlicht, wie das fast quadratische Gebäude in der Antike vermutlich ausgesehen hat. Überdauert haben zum Teil die äußere Befestigungsmauer mit ihren Toren und einige Gebäudeteile im Innern. Sehenswert sind beispielsweise die Überreste des Peristyls, wo sich der Kaiser seinerzeit seinen Untertanen und offiziellen Gästen zeigte. Der von korinthischen Säulen umrahmte Innenhof ist heute eine grandiose Kulisse für Terrassencafés. Vom Peristyl aus erreicht man über Stufen die Kathedrale Sveti Duje (Heiliger Dominius), ehemals das Mausoleum des Kaisers Diokletian. Nach dem Tod des Kaisers Diokletian im Jahre 313 wurde der Palast zunächst als Zufluchtsort verbannter Despoten und Mitglieder der kaiserlichen Familie benutzt. Ab dem Jahr 600 residierten hier die oströmischen Statthalter. Nachdem die Siedlung Salona im Jahre 614 von den Awaren und Slawen zerstört worden war, flüchteten viele Bürger aus Salona in den nahe gelegenen Diokletian-Palast. In der Folgezeit entwickelte sich um den Palast herum die Stadtgemeinde Spalatum, aus der später die Stadt Split hervorging.

Dominiuskathedrale/Sv. Duje
⤑ Umschlagkarte hinten, b 2
Der antike Bau wurde im 10. Jh. zur Kathedrale des Bistums Split geweiht.

Sie zeigt im Innern beeindruckende Werke der Steinmetzkunst, darunter die Porträts des Kaisers Diokletian sowie seiner Frau Prisca. Unbedingt betrachtenswert ist das monumentale Hauptportal. Es ist verziert mit 28 aus Walnussholz gearbeiteten Türfeldern, die Szenen aus dem Leben Christi veranschaulichen.

Museen
Archäologisches Museum
⤑ Umschlagkarte hinten, d 2
Funde aus der römischen Siedlung Salona (heute Solin).
Zrinjsko-Frankopanska ulica 25; Mo–Sa 9–13, So 10–12 Uhr; Eintritt 10 Kuna

Meštrović-Galerie
⤑ Umschlagkarte hinten, a 5
Berühmte, viel besuchte Ausstellung der Werke von Ivan Meštrović (1883–1962), dem bedeutendsten und prominentesten Bildhauer Kroatiens. In der auf der Marjan-Halbinsel gelegenen Galerie sind viele sehr eindrucksvolle Holz- und Metallskulpturen des großen Meisters zu sehen sowie das ehemalige Wohnzimmer. Arbeiten aus Walnuss- oder Lindenholz zeigen religiöse Motive. Auch Typen aus dem dalmatinischen Hinterland, wo Meštrović einst als einfacher Schäfer tätig war, zeigt die Ausstellung. Die gestalteten Männer und Frauen zeichnen sich durch einen individuellen Gesichtsausdruck und oft rustikale ländliche Gliedmaßen aus. Beeindruckend sind auch die von Meštrović geschaffenen Körper mit langen Fingern und übergroßen Füßen, die auch im Park zu sehen sind. Viele Frauenfiguren sind in religiöser Andacht, Kontemplation oder heiterer Fröhlichkeit dargestellt. Alle Figuren repräsentieren den einzigartigen Stil des Meisters.
Šetalište Ivana Meštrovića 46;
Di–Sa 10–18 (im Sommer), So 10–15, Winter Di–Sa 10–16, So 10–15 Uhr;
Eintritt 15 Kuna, Kinder, Studenten, Rentner 10 Kuna

Die Kathedrale Sv. Duje in Split beeindruckt im Inneren mit Chorgestühl und Kanzel aus dem 13. Jahrhundert.

Museum Kroatischer Archäologischer Denkmäler
⤑ Umschlagkarte hinten, a/b 5
Funde aus altkroatischer Zeit. Waffen und Zaumzeug aus dem 8. bis 10. Jh., Grabbeigaben wie Ohr-, Finger- und Haarringe, Steintafeln und Taufbecken aus dem 9. bzw. 10. Jh.
Gunjačina ulica b.b.; Mo–Fr 9–16, Sa 9–12 Uhr, So geschl.; Eintritt 10 Kuna

Essen und Trinken
Boban
⤑ Umschlagkarte hinten, östl. f 6
Luxuriös und edel ausgestattetes Privatrestaurant. Beliebt bei Geschäftsleuten, Politikern, Prominenten. Eines der anspruchsvollsten Restaurants in Dalmatien. Gekonnt zubereitete Meeresfrüchte, Fisch- und Fleischgerichte. Professionell geschultes Personal.

Sehen und gesehen werden wird auf Splits Promenade groß geschrieben.

Klimaanlage, Bar. Großes Angebot an kroatischen und slowenischen Weinen. Reservierung erforderlich.
Hektorovićeva 49; Tel. 0 21/54 33 00
●●●● CREDIT

MERIAN-Tipp

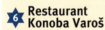 **Restaurant Konoba Varoš**

Dieses Restaurant liegt im ehemaligen Fischer- und Bauernviertel von Split und imponiert seit Jahrzehnten durch eine gelungene Mischung aus rustikaler Gemütlichkeit und einem vortrefflichen Angebot an dalmatinischen Traditionsgerichten. Auch das Verhältnis zwischen Preis und Leistung überzeugt vollkommen. Die hausgemachten Fisch-, Gemüse- und Fleischgerichte sind von überragender Originalität. Reservierung im Sommer ratsam.

Ban Mladenova 7; Tel. 0 21/39 61 38 und 0 21/34 14 56; tgl. geöffnet ●●●
CREDIT ····⟩ Umschlagkarte hinten, d 4

EINKAUFEN
Glavna tržnica
····⟩ Umschlagkarte hinten, b/c 2
Großer Wochenmarkt in der Altstadt und einer der größten in Dalmatien. Kunstgewerbe, Haushaltsartikel aller Art, Obst, Gemüse, Kleidung, Blumen, Honig, Obstkonserven, Olivenöl. Bazaratmosphäre.
Hrvojeva (nahe Kirche Sv. Dominik); Mo–Sa ab 7 Uhr, teilweise auch So

Prehrana
····⟩ Umschlagkarte hinten, a 1
Schinken, Würste, Weine, Süßwaren, Konserven und andere Delikatessen.
Kraj Sveti Marije 4

Prstac
····⟩ Umschlagkarte hinten, d 3/4
Dalmatinische und andere Delikatessen. Weine, Spirituosen, Fischkonserven, Olivenöle.
Matošića 3

Šera ····⟩ Umschlagkarte hinten, b 1
Anspruchsvolle Galerie. Glasmalerei, Bilder mit naiv gemalten ländlichen

Motiven. Werke des aus Split stammenden Malers Josip Šeravić.
Dioklecijanova 2

Am Abend
Master's ---> Umschlagkarte hinten, nordöstl. f 5
Stadtbekannte Disco. Rummel am Wochenende. Eingang in der Tiefgarage des Koteks-Gebäudes.
Osječka ulica

Service
Ankunft/Abfahrt
Croatia Airlines Stadtbüro
---> Umschlagkarte hinten, d 4
Obala Hrvstkog narodnog preporoda 9;
Tel. 0 21/36 29 97, Reservierung
Tel. 0 62/77 77 77; www.croatiaairlines.hr

Flughafen
Tel. 0 21/20 35 06 und 20 35 07;
www.split-airport.hr

Fährhafen
---> Umschlagkarte hinten, e 6
Tel. 0 21/33 83 33 und 33 83 04;
www.jadrolinja.hr

Auskunft
Informationsbüro des Fremdenverkehrsverbandes
---> Umschlagkarte hinten, b 1–2
Peristil/Crkvica Sv. Roka (in der Altstadt); Tel. 0 21/34 56 06, 33 98 98;
E-Mail: tic-split@st.hinet.hr

Ziele in der Umgebung
Solin ---> S. 117, D 7

Zu sehen sind hier die Überreste der antiken Siedlung Salona, die in römischer Zeit Metropole der römischen Provinz Dalmatien war und ca. 60 000 Einwohner umfasste. Berühmtester Sohn aus der Umgebung von Salona ist Diokletian. Die Siedlung war schon in illyrisch-griechischer Zeit bedeutend und wurde von den Römern mit Hafenanlagen, einem Amphitheater, Mauern, Wehrtürmen, Thermen, Wohngebäuden und Basiliken versehen.
6 km nördl. von Split

Trogir ---> S. 116, C 7
8500 Einwohner

Die viel besuchte Küstenstadt verfügt über einen kompakten mittelalterlichen Altstadtkern mit bedeutenden Monumenten (UNESCO-Weltkulturerbe). Der Name der Stadt geht auf die griechische Bezeichnung Tragurion (Siedlung am Ziegenberg) zurück. Die von Wehrmauern umschlossene Altstadt mit ihren Palastbauten, Kirchen und Bürgerhäusern entstand im Wesentlichen zwischen dem 13. und 17. Jh. Bedeutendstes Bauwerk ist die imposante Kathedrale **Sveti Lovro** (angeschlossen ist ein Kathedralenmuseum), mit deren Bau um das Jahr 1200 begonnen wurde. Als Meisterwerk der Bildhauerkunst gilt das großartige Hauptportal aus dem 13. Jh. Besonders interes-

Den Schlüssel der Kathedrale von Trogir fest in den Händen hält diese Nonne. Der steinerne Löwe bewacht den Eingang.

sant sind die Allegorien der zwölf Monate. Zudem sind Adam und Eva, Apostel- und Heiligenfiguren, Tier- und Pflanzenmotive beachtenswert.

Im Inneren der Kathedrale beeindruckt vor allem die Taufkapelle Sv. Ivan Ursini. Sie gilt als bedeutendes Denkmal der Renaissance und stammt aus dem 15. Jh. Mittelpunkt des Altstadtensembles ist der Trg Ivan Pavia II, flankiert von mehreren Terrassencafés.

25 km westl. von Split

HOTELS/ANDERE UNTERKÜNFTE
Fontana
Kleines, 1999 eröffnetes Privathotel in der Altstadt. Moderne Einrichtung. Drei Sterne. Bar, eigenes Restaurant und Sonderkonditionen im benachbarten Restaurant Fontana. Günstige Lage nahe des Sporthafens. Klimaanlage, kostenloses Parken. Nicht immer befriedigender Service.
Obrov 1, 21220 Trogir; Tel. 0 21/88 57 44, Fax 88 57 55; 13 Zimmer, 1 Suite; ganzjährig geöffnet ●●● AmEx EURO VISA

Concordia
Kleines Familienhotel in der Altstadt. Moderne, hinreichend zweckmäßige Ausstattung. Freundlicher Service. Ganzjährig geöffnet.
**Obala bana Berislavića 22;
Tel. 0 21/88 54 00, Fax 88 54 01;
14 Zimmer ●● AmEx EURO VISA**

SERVICE
Auskunft
Fremdenverkehrsbüro
**21220 Trogir, Obala bana Berislavića 12;
Tel. und Fax 0 21/88 14 12;
www.dalmatia-mid.com/trogir.htm**

Makarska ⇢ S. 119, E 10

12 000 Einwohner

Rund 60 km lang ist diese von den Felswänden des Biokovo-Gebirges überragte Küstenzone, die bereits in den Siebzigerjahren zu einem der beliebtesten Urlauberzentren der ganzen dalmatinischen Adria avancierte. Hauptorte der gesamten Riviera mit ihren rund 27 000 Einwohnern sind Makarska, Brela, Tučepi und Baška Voda; auch Podgora, Igrane, Drvenik, Zaostrog und Gradac gelten als viel besuchte Ferienzentren. Die gesamte touristische Infrastruktur konzentriert sich auf den schmalen Landstreifen zwischen den steilen Hängen des Biokovo-Gebirges und der Küste. Dazwischen verläuft die stark frequentierte Küstenmagistrale. Unbedingt lohnend ist ein Ausflug in das gebirgige Hinterland.

Der Krieg zwischen Jugoslawien und Kroatien bescherte auch der **Makarska Riviera** zwischen 1991 und 1995 einen drastischen Rückgang der Besucherzahlen. Die meisten Hotels, in denen seinerzeit Vertriebene aus den Kriegsgebieten untergebracht waren, sind inzwischen modernisiert worden. Einige Ortschaften wie etwa Tučepi haben die Zeit der Krise genutzt, um das touristische Angebot zu bereichern und an zeitgemäße Standards anzupassen.

Touristisches Zentrum der gleichnamigen Riviera ist der Ort Makarska. In unmittelbarer Küstennähe befinden sich zahlreiche Hotels, Restaurants und Geschäfte. Die engen Gassen der Altstadt ziehen sich den Hang empor. Hier liegt auch der zentrale Platz Kačičev trg, flankiert von der Pfarrkirche Sv. Marko aus dem 18. Jh., wo Einheimische und Besucher gerne flanieren.

50 km südöstl. von Split

HOTELS/ANDERE UNTERKÜNFTE
Biokovo
Professionell und modern geführtes Hotel im Zentrum der Stadt nahe der Fährstation. 1997 vollkommen renoviert. Empfehlenswertes Stadthotel. Ganzjährig geöffnet.
**Obala Kralja Tomislava b. b.;
Tel. 0 21/61 52 44, Fax 61 50 81;
www.hotelbiokovo.hr; 54 Zimmer
●●● CREDIT**

Vor der mächtigen Kulisse des Biokovo-Gebirges: die Uferpromenade von Makarska.

Meteor
Komfortables und modernes Hotel in Strandnähe. Pool, Tennisplätze. Seit Jahren eines der anspruchsvollsten Urlauberhotels. Zwischen November und März geschl. Leider ziemlich laut.
Petra Krešimira IV b. b.;
Tel. 0 21/60 26 00, Fax 61 14 19;
www.hoteli-makarska.hr; 270 Zimmer
●●● CREDIT

Museen

Muschelmuseum/ Malakološki muzej
→ Familientipps, S. 31

Privatmuseum
Kleine, kuriose, von Herrn Jure Glavičić betreute Sammlung von konservierten Muscheln, Fischen, Seesternen und Weichtieren.
Fra Filip Grabovca (gegenüber Nr. 11, in der Altstadt); Saison tgl. 9–12 und 16–19 Uhr

Essen und Trinken

Jež
Kleines, vor allem bei Einheimischen beliebtes Restaurant, gegenüber dem Hotel Dalmacija gelegen. Gepflegtes Ambiente, sehr delikat: die Fischlasagne und die Jež-Platte. Alle Fischgerichte empfehlenswert.
Petra Krešimira IV 90; Tel. 0 21/61 17 41;
tgl. 12–24 Uhr ●● CREDIT

Riva
Seit 1980 existierendes, großes, bei vielen Touristen beliebtes Restaurant direkt im Stadtzentrum an der Uferstraße. Terrasse. Ein würdiger Klassiker der örtlichen Gastronomie. Erfahrener Service.
Obala Kralja Tomislava 7a;
Tel. 0 21/61 68 29; tgl. geöffnet ●● CREDIT

Service

Auskunft
Informationsbüro
Gründliche Informationen zur Stadt und den touristischen Dienstleistungen (auch Unterkünfte) unter www.makarska-croatia.com, www.makarska.com.hr oder www.makarska.hr
Obala Kralja Tomislava;
Tel. 0 21/61 16 88, Fax 61 53 52;
E-Mail: info@turistbiro-makarska.com

Am zentralen Platz von Makarska (→ S. 52), dem Hauptort der Makarska Riviera, liegt die Pfarrkirche Sv. Marko.

Hafen
Obala Kralja Tomislava 1 A;
Tel. 0 21/61 19 77
(Fährverbindungen nach Sumartin auf der Insel Brač)

Brela ⸺⁙ S. 119, D 10

Beliebtes touristisches Zentrum mit gut entwickelter Infrastruktur und berühmten Kieselstränden, den attraktivsten an der ganzen Makarska Riviera. Die Süßwasserquellen im Meer geben dem Wasser seine charakteristische Färbung.
33 km südöstl. von Split

Duge Njive ⸺⁙ S. 119, F 10

Winziger Weiler ca. 25 km von Makarska aus im Hinterland an der Straße in Richtung Vrgorac gelegen. Hier treffen sich die Einheimischen an Wochenenden, um in zünftigem Ambiente Ziegen- oder Lammfleisch vom Grill zu essen.

In diesem Sinne besonders zu empfehlen ist die populäre und beliebte Gaststätte Restoran Olimp; Tel. 0 21/60 76 79. Weitere volkstümliche Restaurants, wegen ihrer Grillgerichte geschätzt, liegen rechts und links der Straße.
75 km südöstl. von Split

Tučepi ⸺⁙ S. 119, E 10

1800 Einwohner

Schon in illyrischer und römischer Zeit gab es an dieser Stelle Siedlungen. Heute ist hier direkt an der 4 km langen Küste mit schönen Kiesstränden ein modernes touristisches Zentrum mit Hotels, Pensionen, Restaurants und einem kleinen Bootshafen entstanden. Die meisten Gehöfte und Bauernhäuser lagen ehemals am Hang oberhalb der Küste in Gornje Tučepi, wo sie vor Seeräubern besser geschützt waren. Ab dem 18. Jh. verlagerte sich die Ortschaft mehr und mehr direkt an die Küste.
55 km südöstl. von Split

HOTELS/ANDERE UNTERKÜNFTE
Alga ♟♟
Großes, modernes, 1995 komplett renoviertes Hotel mit einem herausragend guten Serviceangebot. Beliebt auch bei deutschen Reiseveranstaltern. Das anspruchsvollste Hotel am Platz. Klimaanlage, Pool, Kinderspielplatz, Bars, Restaurant, Tennisplätze, Konzertterrasse, eigene Parkplätze. Lage nahe dem Strand. Viele Zimmer haben Meerblick. Angeschlossen ist auch die Apartmentanlage Afrodita mit komfortabel eingerichteten Ferienhäusern.
Dračevice 35; Tel. 0 21/60 12 02, Fax 60 12 04; www.hoteli-tucepi.com;
323 Zimmer und 7 Apartments ●● CREDIT

Makarska – Tučepi

ESSEN UND TRINKEN
Konoba Ranč
Gartenlokal am Hang nahe dem Ortsausgang in Richtung Ploče gelegen. Schöne Terrassen unter alten Olivenbäumen. Unter der Metallglocke »izpod peke« saftig gebratene Ziegen- und Lammgerichte. Das Gartenlokal liegt am Rand eines Netzes von Wanderwegen. Sie verlaufen am Hang oberhalb von Tučepi entlang und führen durch eine üppige, teils kultivierte Natur mit Weinreben, Feigen- und Granatapfelbäumen. Weite Blicke auf die Küste und die vorgelagerten Inseln. Nur von Juni–Oktober abends von 18–24 Uhr geöffnet.
Kamena 64; Mobiltel. 0 98/28 61 18

Gusari
Schöne Lage am Meeresufer. Große Terrasse. Kompetenter Service unter der Leitung von Ante Čobrnić. Viele Stammgäste. Das anspruchsvollste Restaurant der Ortschaft. In der Saison ist die Terrasse fast jeden Abend besetzt. Reservierung angeraten.
Dračevice 38; Tel. 0 21/62 30 85

Jeny
Rund 3 km oberhalb der Ortschaft in Gornje Tučepi an der Straße in Richtung Vrgorac gelegen. Dem Restaurant angeschlossen sind auch Fremdenzimmer. Terrasse mit wundervollem Blick auf Tučepi und die Küste; allein diese Aussicht macht den Besuch lohnenswert. Ausgefallen zubereitete Fisch-, Fleisch- und Nudelgerichte. Spezialität: Rindersteak mit Scampi gefüllt. Freundlicher Service.
Gornje Tučepi; Mobiltel. 0 99/47 06 14;
tgl. 12–15 und 18–24 Uhr ●/●●

AM ABEND
Konoba Postup
Nahe dem Hafen gelegene Weinstube. Aktuelle Musik, Billard, Terrasse, beliebt bei jungen Leuten.
Kraj 56

MERIAN-Tipp

Wanderrouten am Hang von Gornje Tučepi

Die Touristikbehörde von Tučepi hat Wanderrouten oberhalb des Ortes ausgeschildert. Sie führen durch eine fruchtbare Hanglandschaft und eröffnen weite Blicke auf die Küste und das Meer. Historische Gebäude, Kirchen, Türme und Grotten liegen am Wegesrand. Quellen löschen in der warmen Jahreszeit den Durst. Infos und eine Routenkarte beim Fremdenverkehrsverband von Tučepi, Kraj 103; Tel. 0 21/62 31 00

→ S. 119, E 10

SERVICE
Ankunft/Abfahrt
Busbahnhof Makarska
Tel. 0 21/61 23 33
Hafen
Tel. 0 21/61 19 77

Auskunft
Fremdenverkehrsverband
21325 Tučepi, Kraj 103;
Tel. 0 21/62 31 00; www.tucepi.hr

Die Marktfrauen an der Makarska Riviera (→ S. 52) bieten delikate Souvenirs feil.

Die Inseln Brač und Hvar

Das sonnenreiche Klima und die prächtige Vegetation haben hier den Tourismus gefördert.

Ruhige Abendstimmung mit sanftem Licht auf den kleinen Fischerbooten im Hafen von Stari Grad (→ S. 64) auf der Insel Hvar (→ S. 61).

Typisch für beide Inseln: Der Tourismus konzentriert sich auf einige Küstenstädte. Aber jenseits dieser touristischen Zentren findet der Besucher weite, noch nicht für Siedlungszwecke genutzte Landschaften mit zumeist artenreicher Vegetation und markanten Karsterscheinungen. Ein beeindruckendes Bild bietet beispielsweise die Ginster- und Salbeiblüte im Mai sowie die Lavendelblüte im späten Sommer. Vor allem auf der Insel Hvar ist die traditionsreiche Weinkultur in den letzten Jahren enorm modernisiert worden. Als Anbauzentrum für Weintrauben gelten die Südhänge der Insel in der Umgebung der Ortschaften Sveta Nedelja, Ivan Dolac und Zavala. Verlockende Wandermöglichkeiten gibt es auf beiden Inseln, allerdings kaum auf markierten Wegen.

Brač ·····⫸ S. 120, C 10

Die fast 40 km lange und maximal 13 km breite, gebirgige Insel ist die größte dalmatinische und die drittgrößte Insel in der kroatischen Adria. Seit Jahrhunderten wird der weiße Kalkstein aus Brač für Monumente und Prachtbauten in aller Welt verwendet. Auch für das Weiße Haus in Washington, den Reichstag in Berlin, das Parlamentsgebäude in Wien oder den Diokletian-Palast in Split wurde der auf Brač gebrochene Stein verwendet.

Gleichfalls berühmt ist das sonnenreiche Klima. Auf der Insel gedeihen Mandarinen und Kiwis. Auf den Kräuterwiesen im zentralen, wenig besiedelten Bergland leben etwa 1200 Schafe; aus ihrer Milch wird ein höchst begehrter, würziger Käse hergestellt. Auch das Olivenöl von Brač gilt als besonders duftig und aromatisch.

Der Tourismus konzentriert sich auf die Orte **Supetar** an der Nord- und **Bol** an der Südküste. In beiden Orten gibt es eine beachtliche Zahl an Hotels sowie Fremdenzimmern bei Familien. Die Insel verfügt über einen Flugplatz, der in der Saison auch direkt aus Deutschland angeflogen wird.

Orte auf Brač

Bol ·····⫸ S. 118, C 10

1300 Einwohner

Bol, zu Füßen der schroffen Felshänge des Vidova Gora gelegen, kann ein besonders mildes, sonnenreiches Klima vorweisen und reizvolle Strände. Der berühmteste ist der **Zlatni rat** westlich der Ortschaft.

Diese 500 m ins Meer ragende schmale Landzunge wandert unter Einfluss der Meeresströmung um fast 20 Grad und wächst an ihrer Spitze um 30 cm pro Jahr.

Hervorzuheben sind auch die guten Surfbedingungen vor der Küste von Bol. Hier fanden bereits nationale und internationale Surfwettbewerbe statt.

Empfehlenswert für Naturfreunde sind die Wanderungen von Bol aus längs der Südküste der Insel. Hier liegt auch der Weiler Murvica mit einer Einsiedelei und Resten eines Klosters aus dem 15. Jh.

Hotels/andere Unterkünfte
Riu Borak 👤👤
Großes Vier-Sterne-Hotel nahe dem Strand. Schwimmbad, Fitnesscenter, Videosalon, Kinderclub, vielerlei Sportangebote, Restaurant, Tanzterrasse. Internationales Publikum.
Zlatni rat; Tel. 0 21/30 62 02, Fax 30 62 15; www.zlatni-rat.hr und www.riu.com; 133 Zimmer und 3 Suiten
●●● CREDIT

Bretanide
Größtes Hotel am Ort. Hohes Niveau, das sich am internationalen Publikum orientiert. Ähnlich wie das benachbarte Hotel Elaphusa direkt an der Strandzone gelegen. Pool, Pizzeria,

Wellness- und Sportmöglichkeiten vorhanden.
Zlatni rat; Tel. 0 21/74 01 40,
Fax 74 01 41; www.bretanide.hr;
260 Zimmer ●● CREDIT

Nada Okmažić
Vermietung von liebevoll eingerichteten Apartments in einem gepflegten Haus am Hang mit Blick aufs Meer. In einer herzlichen und familiären Atmosphäre werden zum großen Teil Stammgäste betreut. Man spricht Deutsch. Honig aus eigener Herstellung. Sehr empfehlenswert. Ein herausragendes Beispiel für engagierte Privatinitiative und Gästebetreuung.
David cesta 26;
Tel. und Fax 0 21/63 51 71;
E-Mail: resimir.okmazic@st.tel.hr;
3 Apartments sowie Zimmer mit Frühstück ● ✉

Vrsalović
Kleine, sympathische Pension im Ortszentrum. Ruhige Lage, kleiner Garten, herausragend schmackhafte Küche.
Ulica Vrsalovića 4; Tel. 0 21/63 51 29;
6 Zimmer ● ✉

Sehenswertes
Zlatni rat
Der attraktivste und berühmteste Strand Dalmatiens liegt wenige Kilometer westlich des Ortes. Goldenes Horn ist sein Name, abgeleitet von der hornähnlichen Form der Landzunge und der fast goldenen Farbe der feinen Kiesstruktur. Etwa 500 m lang ist diese Landzunge.

Im Gegensatz zu vielen anderen Stränden Dalmatiens, die aus mehr oder weniger grobem Kies oder Steinen bestehen, beeindruckt der Zlatni rat durch wunderbar feinporigen Kies. Dies gilt übrigens auch für die angrenzenden Strände vor allem östlich der Landzunge. Der vom Wind und den Strömungen der Adria geschaffene Strand lockt in der Saison ungezählte Badetouristen an. Mehrere große Hotels in Strandnähe.

Museen
Dominikanerkloster/Dominikanski samostan
Im Dominikanerkloster aus dem 15. Jh. zeigt das Klostermuseum Kirchenkunst, Münzen, Mess- und Gesangbücher, Gemälde, Monstranzen, Ikonen, Madonnen. Zu sehen ist auch ein Gemälde aus der Schule Tintorettos aus dem Jahre 1563 sowie das Rechnungsbuch des Klosters aus den Jahren 1520 bis 1736. Erläuterungen in Deutsch und Englisch. Das Kloster verfügt auch über einen alten Weinkeller (eigene Weinherstellung) sowie Fremdenzimmer mit Verpflegung.
Šetalište A. Rabadana 4; tgl. 9–12 und 17–19 Uhr; Eintritt 10 Kuna

Essen und Trinken
Konoba Gušt
Gemütliche Konoba im Ortszentrum. Rustikale Einrichtung mit Antiquitäten und Objekten aus dem Landleben. Serviert werden kleine Happen und einfache schmackhafte Gerichte. Salate, Schafskäse, Schinken, marinierter Tunfisch, Fisch- und Nudelgerichte. Dalmatinische Weine und Spirituosen. Bis 2 Uhr nachts geöffnet.
Frane Radića 14; Tel. 0 21/63 59 11 und Mobiltel. 98 42 30 03 ●● CREDIT

Kaštil
Direkt am Meer gelegenes Restaurant des gleichnamigen Hotels im Ortszentrum. Gepflegtes Interieur. Diverse Nudelgerichte und Fischfilets in verschiedenen Saucen.
Porat Bolskih Pomoraca;
Tel. 0 21/63 51 40 und 0 21/63 52 38
●/●● CREDIT

Service
Auskunft
Adria Tours
Vermittlung von Privatunterkünften, Verleih von Jeeps, Motorrädern und Fahrrädern u. a.
Vladimira Nazora 28;
Tel. 0 21/63 59 66, Fax 63 59 77;
E-Mail: adria-tours-bol@st.tel.hr

Fremdenverkehrsbüro
21420 Bol, Porat bolskih pomoraca;
Tel. 0 21/63 56 38, Fax 63 59 72;
www.bol.hr

Supetar ⟶ S. 117, D 8
3000 Einwohner

Supetar – per Fähre von Split aus zu erreichen – hat fast das ganze Jahr hindurch Saison und gilt als beliebte Station für Taucher. Mehrere Restaurants bieten Spezialitäten der Insel an, darunter den weithin gerühmten Schafs- und Ziegenkäse mit außerordentlich aromatischem Geschmack.

Hotels/andere Unterkünfte
Kaktus
Anspruchsvoller Hotelkomplex für ein internationales Publikum. Bar, Pool, Restaurant, Nachtklub, Kongresssaal, Tennisplätze, Tischtennis und Handball. Surfkurse sowie Wellnesscenter.
Put Vele luke 4; Tel. 0 21/64 01 55, Fax 64 01 56; www.watermanresorts.com; 120 Zimmer und Suiten ●●● CREDIT

Palute
Sympathische Familienpension, geleitet von der Familie Martinić. Saubere Zimmer mit Dusche, Bad und Heizung. Ruhige Lage im Ort, ca. 300 m bis zum Strand. Viele Stammgäste. Ganzjährig geöffnet.
Put Pašika 16;
Tel. und Fax 0 21/63 15 41;
E-Mail: palute@st.htnet.hr; 13 Zimmer
● CREDIT

Sehenswertes
Petrinović-Mausoleum
Einen Besuch wert ist der örtliche Friedhof auf der Sveti-Nikola-Landzunge nahe dem Badestrand Banj. Hier ist auch das von dem Bildhauer Toma Rosandić (1899–1958) entworfene Mausoleum für die reiche Familie Petrinović zu sehen. Der bombastische Bau, reich geschmückt mit orientalischen und byzantinischen Elementen, versprüht einen durchaus originellen Charme. An den aufwendig gestalteten Grabmälern wohlhabender Inselbewohner kann man einen Teil der Geschichte der Insel und seines Ortes Supetar ablesen. Auch weitere aufwendig konstruierte Grabstätten sind auf dem Friedhof zu besichtigen.
Landzunge Sveti Nikola

Essen und Trinken
Vinotoka
Beliebte, rundweg empfehlenswerte Konoba in der Altstadt. Das anspruchsvollste Restaurant am Ort.

Direkt im Ortszentrum von Bol (→ S. 57) findet man die Taverne Konoba Gušt, die in angenehmer Atmosphäre regionale Spezialitäten anbietet.

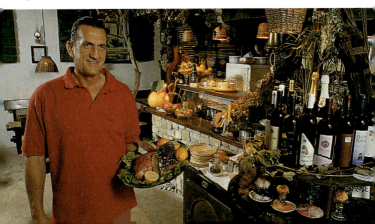

Reges Treiben herrscht auf dem historischen Hauptplatz der Hafenstadt Hvar, der von Terrassencafés und historischen Gebäuden umrahmt wird.

Sehr schön dekorierte, gemütliche Terrasse mit offenem Grill. Vorzügliche Fischgerichte und Meeresfrüchte. Mitglieder der Familie fangen den im Restaurant zubereiteten Fisch selbst. Flinker Service.
Kobova 6; Tel. 0 21/63 09 69 ●/●● CREDIT

Palute
Bistro im Herzen der Altstadt nahe dem Hafen. Terrasse und gemütliches Ambiente. Herzhafte Ziegenfleisch- und Fischgerichte, besonders überzeugend: die grünen Bandnudeln mit dem Fleisch vom Meereskrebs.
Porat 4; Tel. 0 21/63 17 30 ● CREDIT

AM ABEND
Disco-Bar Fenix
Beliebte Musikbar. Livekonzerte und andere musikalische Darbietungen. Zentrale Lage, eigener Parkplatz, fasst bis zu 850 Besucher.
Put Vele luke 2; Tel. 0 21/63 05 42; tgl. 22–5 Uhr geöffnet

Nachtclub
Im Hotel Kaktus (→ S. 59)

SERVICE
Ankunft/Abfahrt
Fähre (Jadrolinija)
Tel. 0 21/63 13 57
Hafenamt, Tel. 0 21/63 11 16
Flughafen Brač
Terminal Supetar
Tel. 0 21/63 13 70 und 0 21/52 41 16

Auskunft
Fremdenverkehrsbüro
21400 Supetar, Porat 1;
Tel. und Fax 0 21/63 05 51;
www.supetar.hr

Škrip ⇢ S. 118, C 10

Der ca. 12 km südöstlich von Supetar gelegene Ort im Inselinneren ist die älteste Siedlung auf der Insel und war bereits zur Zeit der Illyrer und Römer besiedelt. Der viel besuchte Weiler – nur noch wenige hundert Menschen leben hier – verfügt über einen alten Friedhof; von ihm aus eröffnet sich ein grandioser Blick auf ein fruchtbares Tal. Im Radojković-Turm, errichtet im 16. Jh. über einem römischen Mausoleum, ist heute das sehenswerte Heimatmuseum der Insel Brač untergebracht. Der Turm weist drei historische Bauschichten auf: eine illyrische, eine römische und eine kroatische. Nahe dem Radojković-Turm befindet sich ein Aussichtsturm und ein Friedhof mit einer dem Heiligen Geist geweihten Friedhofskirche. Die benachbart gelegene St.-Helena-Pfarrkirche, mit deren Bau im Jahre 1768 begonnen und die im 19. Jh. fertig gestellt wurde, verfügt über so dicke Mauern, dass die Treppen ins Mauerwerk verlegt werden mussten.

Museen
Brački muzej
Interessante Objekte aus allen Siedlungsepochen der Insel Brač. Illyrische und römische Denkmäler, Mahlsteine aus Olivenmühlen, viele Objekte aus dem in Steinbrüchen gewonnenen »Brač-Marmor«. Umfassende Sammlung mit vielen Gegenständen aus dem ländlichen Leben: Mausefallen, Käsepressen, Karbidlampen, Spinnräder, Schäferjacken, Truhen, Schränke, Trachten. Dazu eine Büste des Kaisers Franz Josef, der 1875 die Insel besucht hatte.
Tel. 0 21/63 00 33 und 63 05 51; Saison tgl. 10–18 Uhr, sonst nach Vereinbarung; Eintritt 15 Kuna, Kinder 10 Kuna

Essen und Trinken
Konoba Herkules
Nahe dem Heimatmuseum direkt an der Straße gelegenes Restaurant. Seit April 1999 ist hier eine Konoba mit großer Terrasse unter alten Bäumen (Erdgeschoss) und eine Pension mit sechs einfach ausgestatteten Doppelzimmern untergebracht. Ruhige Lage, aufmerksamer Service, Familienbetrieb, rustikales Ambiente. Hauseigener Rot- und Weißwein. Exzellenter Schafs- und Ziegenquark, Grillfleischgerichte. Gelegentlich Volks- und Tanzmusik auf der Terrasse.

An der Straße zwischen Heimatmuseum und Supetar; Tel. 0 21/35 00 98, Mobiltel. 0 98/38 37 03 •

Hvar ···⟩ S. 118/119, B 10–E 11

Mit rund 300 qkm ist Hvar die viertgrößte dalmatinische Insel. Sie liegt zwischen den Nachbarinseln Brač und Korčula und erstreckt sich von Westen nach Osten über rund 70 km. Während das Zentrum und der östliche Teil der Insel nur dünn besiedelt sind und auch nur selten von Touristen aufgesucht werden, konzentriert sich der Fremdenverkehr auf die im Westen gelegenen Ortschaften Hvar, Stari Grad, Vrboska und Jelsa. Unterkünfte gibt es hier genügend, dazu kommen zahlreiche Einrichtungen für Freunde des Wassersports. Ein gewichtiger Vorzug Hvars ist sein mildes und sonnenreiches Klima; die Repräsentanten der touristischen Agenturen zählen bis zu 3000 Sonnenstunden im Jahr. Im Winter fällt das Thermometer sehr selten unter den Gefrierpunkt, auch Schnee und Nebel sind äußerst rar. Vor allem im Frühling erwartet den Besucher Hvars eine urwüchsige adriatische Natur mit blühenden Salbeifeldern, viel Rosmarin, Lavendel, Zistrosen und prächtigen Wildblumenwiesen. Des Zuspruchs wert sind die Weine Hvars, die in dem milden Klima vorzüglich gedeihen.

Viele Touristen besuchen oft nur die Hauptstadt Hvar der gleichnamigen Insel. Aber gerade Naturfreunden wird auch der ursprüngliche Rest der Insel gefallen.

Orte auf Hvar

Hvar ···⟩ S. 118, B 10/11
4000 Einwohner

Das typische Ambiente einer dalmatinischen Hafenstadt verkörpert die Inselmetropole Hvar, an der Südküste gelegen. Wunderbar ist der Blick auf die Bucht mit ihren kleinen Hängen, wenn man sich vom Wasser aus der Insel nähert. Man sollte sich ein wenig Zeit für das kleine Städtchen mit seiner palmenbestandenen Uferpromenade nehmen, das als Touristenort eine lange Tradition aufweist.

Hotels/andere Unterkünfte
Adriatic
All-inclusive-Hotel, direkt an der westlichen Uferpromenade gelegen. Moderner Standard. Beliebt auch bei vielen Touristen aus Österreich. Restaurant, Hallenbad mit beheiztem Meerwasser, Bar.
Westliche Uferpromenade;
Tel. 0 21/74 10 24, Fax 74 28 66 bzw. 74 20 14; www.suncanihvar.hr;
63 Zimmer ●●● CREDIT

Palace
Das traditionsreichste Hotel der Stadt (seit 1903), mitten im Stadtzentrum neben der stilvoll konstruierten Stadtloggia. Die Lage – von einigen Zimmern blickt man auf die Hafenbucht – macht den Charme des Hauses aus. Restaurant mit Terrasse, Sauna, diverse medizinische Massagen, Klimaanlage.
Trg Svetog Stjepana; Tel. 0 21/74 19 66 und 74 19 06, Fax 74 24 20;
www.suncanihvar.hr; 73 Zimmer
●●/●●● CREDIT

Slavija
Direkt gegenüber der Fährstation gelegenes Stadthotel. Von den nach vorn gelegenen Zimmern genießt man einen lohnenden Blick auf die Bucht. Saubere Zimmer. Im Hochsommer reichlich Betrieb.
Östliche Uferpromenade;
Tel. 0 21/74 18 20, Fax 74 11 47;
57 Zimmer ●● CREDIT

Villa Tudor
Ca. 5 km außerhalb der Stadt im Küstenweiler Milna gelegen. Vorbildliches Beispiel eines engagiert geführten Familienbetriebs. Ruhige Lage am Hang mit Blick über das Meer. Sportmöglichkeiten, Restaurant, Parkplatz, Gartengrill. Sehr freundlicher Service. Viel zufriedenes Stammpublikum.
Milna, Tel./Fax 0 21/74 50 00;
www.hvar-tudor.com; 11 Apartments
●● ◻ 🐾

Sehenswertes
Festung/Španjola
Oberhalb des Ortes gelegene Festung, die aus der Mitte des 16. Jh. stammt. Von hier eröffnet sich ein weiter Blick auf die Hafenbucht und die vorgelagerten Inseln. Auch die nahe gelegenen Reste der Wehrmauern von Hvar sind zu sehen. Weiter oberhalb befindet sich die Anfang des 19. Jh. von den Franzosen erbaute Festung, die jedoch für die Öffentlichkeit nicht zugänglich ist.

Hauptplatz/Trg Svetog Stjepana
Stilvoller großer Platz, die wirkliche Mitte im Zentrum der Ortschaft. Der gepflasterte Platz zwischen der Kathedrale und der Hafenbucht wird von historischen Gebäuden mit würdigen Fassaden flankiert. Viel Raum für Terrassencafés und Flaneure.

Kathedrale/Sv. Stjepan
Sie wurde erst im 18. Jh. komplett fertig gestellt und schließt heute den Hauptplatz an der nördlichen Seite ab. Der filigrane Glockenturm zeigt den Einfluss italienischer Baukunst. Im Innern der schlicht gehaltenen dreischiffigen Basilika sind mehrere historische Madonnenbildnisse zu sehen.
Tgl. 9–12 und 17–19 Uhr; Eintritt 10 Kuna

Museen
Museum im Franziskanerkloster/ Franjevački muzej
Im Refektorium des Franziskanerklosters aus dem 15. Jh. sind historische Gemälde (interessant das Gemälde »Das letzte Abendmahl« von Matteo Roselli) sowie Fossilien, antike In-

schriften, Amphoren, versteinerte Seeigel und eine mechanische Standuhr aus dem 15. Jh. ausgestellt. Des Weiteren umfasst die Sammlung historische Münzen sowie zeitgenössische Münzen aus europäischen und außereuropäischen Ländern. Unbedingt sehenswert ist eine angeblich rund 400 Jahre alte Zypresse im Innenhof des Klosters.
Östliche Uferpromenade (ca. 200 m von der Fährstation entfernt auf einer kleinen Landzunge); www.suncanihvar.hr; tgl. 10–12 und 18–19 Uhr; Eintritt 10 Kuna

Essen und Trinken
Hanibal
Das anspruchsvolle Restaurant mit ca. 100 Plätzen und überdachter Terrasse gibt es seit 1997. Hausspezialität ist die »Hanibal-Fischplatte« für zwei Personen und die »Gregada«, ein Arrangement mit Fisch, Gemüse, Wein und Gewürzen. Rund 20 kroatische Weine. Beliebt bei Touristen. Reservierung ratsam in der Hochsaison.
Trg Svetog Stjepana 12; Tel. 0 21/74 27 60; April–Nov. geöffnet •• CREDIT

Kod Kapetana
Klassische, bereits mehr als 30 Jahre existierende Gostionica an der westlichen Uferpromenade. Lauschige Terrasse mit Blick auf die Bucht. Niveauvolles Angebot an Meeresfrüchten und Fischgerichten.
Fabrika b. b.; Tel. 0 21/74 22 30 oder Mobiltel. 09 83 1 21 61 •• CREDIT

Einkaufen
Samostan Benediktinki
Im Benediktinerinnenkloster, oberhalb des Hauptplatzes am Hang gelegen, werden Spitzendeckchen verkauft, die kunstvoll mit der Hand aus Agavenfäden gefertigt sind.
Ulica Matija Ivanića 13; Sommer tgl. 9–11 und 16–19, Winter tgl. 10–11 und 16–17 Uhr

Šoša Arsenal
Originelle dalmatinische Miniaturgebäude – Leuchttürme, Kirchen, historische Monumente, Land- und Stadthäuser – aus einem steinähnlichen Material. Alle Objekte sind von dem dalmatinischen Künstler Darko Šoša hergestellt und per Hand koloriert.
Trg Svetog Stjepana (im Arsenal neben dem Fremdenverkehrsbüro); So geschl.

Service
Ankunft/Abfahrt
Fähre (Jadrolinija)
Tel. 0 21/74 11 32, Fax 74 10 36

Das malerische Vrboska (→ S. 64), ein kleiner ehemaliger Fischerort auf der Insel Hvar, ist heute mit seiner Festungskirche Sv. Marija ein Touristenmagnet.

MERIAN-Tipp

 Ribarski muzej in Vrboska

Das kleine, liebevoll hergerichtete Museum dokumentiert auf interessante Weise die Fischerei auf der Insel Hvar zwischen dem 18. und 20. Jh. Auch eine traditionelle Fischerküche ist ausgestellt. Zu sehen sind zudem Schwämme, Muscheln, präparierte Meerestiere sowie Konservenbüchsen und Etiketten der 1972 geschlossenen Fischfabrik. Vorbildlich sind die in Deutsch zusammengestellten Infos zu den Objekten bzw. zum Fischfang in den Gewässern vor Hvar.

Zecevo 115 (an der Hafenpromenade neben dem Supermarkt); 10–12 und 20–22 Uhr; Eintritt 10 Kuna, Kinder 5 Kuna ···➔ S. 118, B 10/11

gen Garten hinter wehrhaften Mauern wächst auch eine angeblich über 100 Jahre alte Magnolie. In einer Ecke des Innenhofes sind Objekte aus dem Landleben zu sehen.

Trg Turdal; Tel. 0 21/76 50 68; Saison tgl. 10–13 und 17–20 Uhr, sonst nach Vereinbarung; Eintritt 10 Kuna

Museum im Dominikanerkloster/ Dominikanski muzej

Das außerhalb des Zentrums oberhalb der Stadt gelegene Kloster zeigt in Räumlichkeiten neben dem schönen Innenhof antike Mosaiken, römische Münzen, Ikonen, Öllämpchen, Versteinerungen, Kirchenkunst, Gemälde und Steininschriften.

Am südlichen Ortsrand nahe der Straße in Richtung Hvar; Tel. 0 21/76 54 42; tgl. 10–12 und 18–20 Uhr in der Saison, sonst nach Vereinbarung; Eintritt 10 Kuna, Kinder 5 Kuna

Auskunft
Fremdenverkehrsbüro
21450 Hvar; Trg Svetog Stjepana;
Tel. und Fax 0 21/74 10 59;
E-Mail: tzg-hvar@st.tel.hr; www.hvar.hr

Service
Auskunft
Fremdenverkehrsbüro
31460 Stari Grad, Nova Riva 2 (Uferpromenade); Tel. und Fax 0 21/76 57 63

Stari Grad ···➔ S. 118, C 10

1700 Einwohner

Der an der Nordküste in einer geschützten Bucht gelegene Ort hieß in griechischer Zeit Pharos und wurde bereits im 4. Jh. v. Chr. gegründet. Stari Grad hat zwar weniger Atmosphäre als Hvar, ein Spaziergang durch die Altstadt rings um die Piazza Škor lohnt aber allemal. Fährverbindung mit Split, Korčula etc.

Museen
Hektorović-Palast

Landsitz des berühmten Schriftstellers Petar Hektorović (1487–1572). Im Innenhof des Palastes ist ein großes Fischbassin zu sehen, in dem sich Meeräschen tummeln. In dem üppi-

Vrboska ···➔ S. 118, C 10

500 Einwohner

Wie auch der Nachbarort Jelsa blickt Vrboska, ca. 8 km östlich von Stari Grad an der Nordküste der Insel gelegen, auf eine lange Tradition als Zentrum des Fischfangs bzw. des Bootsbaus zurück. Haupterwerbsquelle ist heute jedoch wie in vielen ehemaligen Fischerorten der Tourismus.

Bedeutendstes Bauwerk ist neben der Festungskirche **Sv. Marija** die Pfarrkirche **Sv. Lovrinac**. Sie birgt mehrere kunsthistorisch bedeutsame Altarbilder und Gemälde. Das große, aus mehreren Teilen bestehende Gemälde des Hochaltars wird Tizian zugeschrieben, was aber keinesfalls belegt ist. Sehenswert ist es auf jeden Fall.

Die großartige Kleine!

Extrem kompakte D-SLR. Accept no limits.

- 10 Mio. Pixel CCD Sensor
- 6,4 cm / 2,5" HyperCrystal LCD
- Eingebauter Pop-up Blitz
- Größte Auswahl an 100% digitalen Objektiven

Basierend auf dem Four Thirds Standard.
E-SYSTEM für staubfreies Fotografieren.

www.olympus.de

Insel Korčula und Halbinsel Pelješac

Venezianische Architektur, mediterrane Landschaften und aromatische Weine prägen die Region.

Korčula-Stadt auf der Insel Korčula hat dem Besucher viel zu bieten. Vor allem die von venezianischer Architektur geprägte Altstadt ist äußerst sehenswert.

Tausende von Besuchern konzentrieren sich Jahr um Jahr auf den Besuch der historischen Altstadt von Korčula. Dies ist freilich eine rundweg lohnende Unternehmung, aber die Umgebung hat auch ihre – vor allem landschaftlichen – Reize. Als ein Wandergebiet erster Güte hat sich inzwischen das Gebirgsmassiv um den Berg Sveti Ilija auf der Halbinsel Pelješac profiliert. Weiter südwärts gedeihen nahe der Ortschaft Dingač die Trauben für die renommiertesten Rotweine Kroatiens.

Korčula ·····⟩ S. 121, D/E 11/12

Üppige Vegetation und dicht bewaldete Hügel kennzeichnen das landschaftliche Erscheinungsbild der Insel. Im Westen zwischen Blato und Vela Luka dominiert der Anbau von Oliven. Smokvica und Cara – in der Inselmitte gelegen – gelten als Zentrum des Weinanbaus. Hier werden in ganz Dalmatien beliebte Weißweine hergestellt. Am berühmtesten sind der Rukatac und der Pošip. Beide zeigen mineralische Nuancen und ein deutliches Fruchtaroma.

Wenige Kilometer südlich von Korčula-Stadt liegt die Ortschaft **Lumbarda** mit Badestränden und Weingärten, in denen vor allem der berühmte Grk-Weißwein angebaut wird. Auf dem der Ortschaft vorgelagerten Inselchen **Vrnik** befindet sich der älteste Steinbruch Korčulas. Ehemals wurde hier der begehrte weiße Kalkstein abgebaut.

Größte Attraktion ist die im Mittelalter entstandene **Stadt Korčula** mit einem stilvollen Ambiente aus venezianischer Zeit. Von hier bietet sich auch ein eindrucksvoller Blick auf die benachbarte Halbinsel Pelješac und das Bergland um den Sveti Ilija. Korčula-Stadt verfügt vor allem in der Saison zwischen Mai und Oktober über gute Schiffsverbindungen nach Split und Dubrovnik.

Orte auf Korčula

Korčula-Stadt ·····⟩ S. 119, E 11

3300 Einwohner

Ein im Sommer viel besuchtes architektonisches Juwel ist die auf einer Halbinsel gelegene Stadt Korčula mit der Kathedrale, den stimmungsvollen Gassen, stilvollen Hausfassaden und wuchtigen Befestigungstürmen. Die von einer Mittelachse aus wie die Struktur eines Blattes gegliederte Altstadt wurde ab dem 13. Jh. planvoll inmitten eines Befestigungsrings angelegt. Das gesamte städtebauliche Ensemble trägt markante Züge venezianischer Architektur. Zwischen 1420 und 1797 beherrschte Venedig die Stadt und Insel Korčula. In der Altstadt, deren sehr reizvoll exponierte Lage am besten von der gegenüberliegenden Halbinsel Pelješac bewundert werden kann, ist heute auch das angebliche Geburtshaus des berühmten Forschungsreisenden Marco Polo (1254–1324) zu besichtigen. Rundweg lohnend sind aus touristischer Sicht von Korčula aus unternommene Schiffsausflüge zu den vorgelagerten Inseln oder zur Insel Mljet.

HOTELS/ANDERE UNTERKÜNFTE
Liburna
Das 1985 fertig gestellte Hotel liegt in unmittelbarer Nachbarschaft des Hotels Marko Polo außerhalb der Altstadt auf einer Landzunge. Großer Pool, Snack-Bar, Restaurant, viele Zimmer haben Meerblick. Großes Sportangebot. Angeschlossen ist eine Apartmentanlage.
Tel. 0 20/71 10 06 und 72 60 26,
Fax 71 17 46; www.korcula-hotels.com;
83 Zimmer, 26 Apartments ●●● CREDIT

Marko Polo
Schon in jugoslawischer Zeit beliebtes Hotel, etwa 10 Min. zu Fuß von der Altstadt auf einem Hügel direkt am Meer gelegen. Bar, Restaurant,

Zimmer auf Mittelklasseniveau. Am Strand: Gartenrestaurant, Snack-Bar und Pizzeria.
Tel. 0 20/72 61 00, Fax 71 17 46; www.korcula-hotels.com; 109 Zimmer, 4 Apartments ●●/●●● CREDIT

Korčula

Schöne Lage im westlichen Teil der Altstadt direkt am alten Hafen. Am stilvollsten ist die von Palmen flankierte Terrasse mit Korbsesseln und einem inspirierenden Weitblick über die Adria bis hinüber nach Pelješac. Allein dieser Terrasse wegen hat das Haus nicht wenige Stammgäste. Am Ufer nahe dem Hotel fährt das Fährboot zur Ortschaft Viganj auf der Halbinsel Pelješac ab. Vom Hotel aus kann man häufig den Surfern zusehen. Der so genannte Pelješki-Kanal zählt zu den beliebtesten Surfrevieren. Angeschlossen ist auch ein Restaurant. Die Zimmer bedürfen einer Modernisierung.
Hafenpromenade (neben dem Fremdenverkehrsbüro); Tel. 0 20/71 10 78 und 72 63 36, Fax 71 17 46; www.korcula-hotels.com; 20 Zimmer, 4 Apartments ●● CREDIT

Sehenswertes
Kathedrale Sv. Marko

Das sehr beeindruckende Bauwerk steht auf dem höchsten Plateau in der Korčulaner Altstadt und überragt alle anderen Gebäude. Erbaut wurde die Kathedrale im 15. und 16. Jh. aus dem weißen Korčulaner Kalkstein. Die beiden stilisierten Löwen über dem Hauptportal stammen von dem Meister Bonino aus Mailand. Kunsthistorisch bedeutsam ist das Gemälde hinter dem Altar. Es zeigt die drei Schutzpatrone Markus, Hieronymus, Bartholomäus, geschaffen Mitte des 16. Jh. von dem großen venezianischen Maler Jacopo Tintoretto. Das Gemälde »Verkündigung« im südlichen Seitenschiff soll ebenfalls von Tintoretto stammen. Sehenswert ist auch die kleine Taufkapelle mit einem Sockel aus dem 14. Jh. Die Statue »Der heilige Blasius« sowie die »Pietà« stammen von dem kroatischen Bildhauer Ivan Meštrović (1883–1962). Besonders erlebenswert ist das große Glockengeläut am Ostersonntag um 9 Uhr.
Trg svetog Marka

Museen
Ikonenmuseum

Eine einzigartige Sammlung von Ikonen, die von der griechischen Insel Kreta stammen, ist in der Allerheiligenkirche (Svi sveti) aus dem 15. Jh. zu sehen. Die Ikonen gelangten im 17. Jh. nach einer Seeschlacht in den Besitz Korčulas.
Trg Svih svetih; Saison tgl. 10–12 und 17–19 Uhr; Eintritt 10 Kuna

Marco-Polo-Haus

Angebliches Geburtshaus des weltberühmten Asienreisenden Marco Polo (1254–1324). Diverse Karten und Dokumente, die an die Entdeckungsreisen Marco Polos erinnern. Unbedingt lohnend ist der Aufstieg zur Plattform des Turms. Von hier eröffnet sich ein wundervoller Blick über die Dächer der Altstadt. Ein Besuch außerhalb der Saison wird über das Fremdenverkehrsbüro arrangiert.
Marka Pola; Juli und Aug. 10–13 und 17–19 Uhr tgl., sonst nach Vereinbarung; Eintritt 10 Kuna

Schatzkammer im ehemaligen Bischofspalast

Im direkt neben der Kathedrale gelegenen Bischofspalast (Opatska Palača) aus dem 14. und 17. Jh. sind kostbare Gemälde, Silber- und Goldschmiedearbeiten, Münzen, historische Skizzen sowie Zeichnungen, Porzellan, Messgewänder, mittelalterliche Handschriften sowie Bilder zeitgenössischer kroatischer Maler zu sehen. Die Sammlung birgt auch Originalskizzen von Leonardo da Vinci sowie bedeutende Gemälde von Blaž Jurjev Trogiranin.

Der venezianische Maler Tintoretto hat bei diesem in der Kathedrale Sv. Marko zu besichtigenden Gemälde ein frühes Zeugnis seiner Kunst abgelegt.

Trg svetog Marka; Saison tgl. 10–12 und 17–19 Uhr; Eintritt 15 Kuna

Stadtmuseum
Im Gabríelli-Palast aus dem 16. Jh. untergebracht. Im Erdgeschoss sind Inschriften aus der griechischen und illyrischen Siedlungsepoche zu sehen. Die Räume in den oberen Stockwerken dokumentieren die Handwerkskunst, den Schiffbau und die lange Seefahrertradition Korčulas.
Trg svetog Marka; Saison tgl. 9–13 und 17–19 Uhr; Eintritt 10 Kuna

Essen und Trinken
Morski Konjič
Nahe dem Bokar-Turm in der Altstadt gelegenes Restaurant, in der Saison beliebt bei Touristen. Angenehmes Ambiente. Zünftige Nudel-, Fisch- und Fleischgerichte. Spezialitäten: unter der Metallglocke gebackener Octopus, Tintenfisch-Risotto, vegetarische Platte sowie die gefüllten Calamari. In der Altstadt existiert noch ein anderes Restaurant gleichen Namens.
Šetalište Petra Kanavelića;
Tel. 0 20/71 17 20 •/•• AmEx

Adio Mare
Nahe dem Marco-Polo-Haus gelegene Konoba im Tavernenstil. Korčulaner und dalmatinische Spezialitäten: Fischgerichte und Meeresfrüchte (gefüllter Hummer), Brodetto. Spezialität ist die schmackhafte »pašticada« (Rindfleisch mit Gnocchi). Weine aus Smokvica und Umgebung.
Marka Pola 92; Tel. 0 20/71 12 53
• CREDIT

Einkaufen
Cukarin
Vorzügliches hausgemachtes Walnuss- und Mandelgebäck (Klašuni, Cukerini, Amarete, Marko Polo Bombica), außerdem mit Kräutern aromatisierter Traubentrester von kleinen Produzenten aus der Umgebung. Hohes Preisniveau.
Hrvatske Bratske Zajednice

Marko Polo Tours
Neben touristischen Dienstleistungen aller Art Verkauf von Büchern – auch deutschsprachigen – über die Stadt und Insel Korčula.
Biline 5

Insel Korčula und Halbinsel Pelješac

Das Stadttor von Korčula-Stadt weist den Weg in eine seit dem 13. Jahrhundert planvoll angelegte, reizvolle Altstadt.

Wine Shop & Snack »Vinum Bonum«
2005 eröffnetes Geschäft mit beachtlichem Angebot an lokalen Rot- und Weißweinen, Likören, Spirituosen, Olivenölen, Schinken, Fischdelikatessen. Sehr interessant: die Feigen-, Johannisbrot- und Walnusslikör. Auch kleine Snacks. Freundlicher Service in englischer Sprache. In der Saison täglich geöffnet.
Punta Jurana (etwas außerhalb der Altstadt nahe dem Trg Sveti Justine gelegen)

SERVICE
Ankunft/Abfahrt
Fähre, Mediteranska Plovidba
Tel. 0 20/71 11 54, Fax 71 11 57
Aci Marina; Tel. 0 20/71 16 61,
Fax 71 17 48

Auskunft
Fremdenverkehrsbüro
20260 Korčula-Stadt, Obala Vinca Paletina; Tel. 0 20/71 57 01 und 71 58 67, Fax 71 58 66; E-Mail: t-info@korcula.net

Marko Polo Tours
Vermittlung von Hotel- und Privatzimmern, Apartments, Transfer, Flug- und Schiffstickets, geführte Ausflüge und Besichtigungen, Geldumtausch etc.
Biline 5; Tel. 0 20/71 54 00 und 71 58 37,
Fax 71 58 00; www.korcula.net

Lumbarda ···› S. 119, E 12
1100 Einwohner

Die kleine Küstenortschaft liegt ca. 8 km südöstlich von Korčula. Auf den hiesigen Sandböden werden die Trauben für den berühmten Grk-Weißwein angebaut. Mehrere kleinere Sandstrände, Konobas und Privatquartiere. Insgesamt bietet die kleine Ortschaft ein freundliches und selbst im Hochsommer nicht von Rummel geprägtes Erscheinungsbild.

HOTELS/ANDERE UNTERKÜNFTE
Konoba Bebić
Sympathischer, engagierter Familienbetrieb. Angeschlossen sind auch sechs möblierte Apartments. Bootsverleih. Günstige Vollpension. Ruhige Lage.
Kolodrt 240 (Pržina-Bucht);
Tel. 0 20/71 21 83 und 71 25 05 ● ◳

Vela Luka ···› S. 119, D 11/12
4500 Einwohner

Am westlichen Ende der Insel gelegene Hafenstadt mit Fährverbindung nach Split und zur Insel Lastovo.
Im Ort gibt es ein Heilbad, in dem vor allem mit Meerschlamm Rheumakrankheiten behandelt werden. In der Saison Bootsverbindungen zu vorgelagerten Badeinseln (auch FKK). Zwischen Vela Luka und Blato liegen bedeutende Anbaugebiete für Olivenöl. Die Ortschaft Blato verfügt auch über eine beeindruckende Allee von alten Lindenbäumen sowie eine Pfarrkirche mit sehenswerter Silbersammlung.

Service

Auskunft
Fremdenverkehrsbüro
20270 Vela Luka, Obala 3 br. 19;
Tel. und Fax 0 20/81 36 19;
E-Mail: tzo-vela-luka@du.htnet.hr

Sport
Tauchbasis
Posejdon Croatia Divers (Hotel Posejdon); Tel. und Fax 0 20/81 35 08

Halbinsel Pelješac
⸺▹ S. 120, A–C 14

Die rund 60 km lange Halbinsel ist noch nicht übermäßig vom Tourismus geprägt und beeindruckt durch eine kraftvolle mediterrane Landschaft, die auch Wanderern und Naturfreunden gefällt. Nahe dem Festland liegen die Ortschaften **Veliki Ston** (Großes Ston) und **Mali Ston** (Kleines Ston), berühmt für ihre Miesmuschel- und Austernzucht sowie eine grandiose Wehrmauer aus dem 14. Jh. Ein Erdbeben zerstörte in Veliki Ston im September 1996 Wohnhäuser und Monumente. Nicht wenige Menschen wurden obdachlos. Während der Auseinandersetzungen mit der jugoslawischen Armee zwischen 1991 und 1994 verlief bei Ston die Front; zu größeren militärischen Zusammenstößen kam es aber nicht.

Das Innere der Halbinsel ist vor allem in der Umgebung der Orte Dingač, Potomje und Postup durch den Anbau von Wein gekennzeichnet. Dalmatiens berühmteste Rotweine wie der Postup oder Dingač stammen von hier. Viganj und Orebić sind per Fähre mit der Insel Korčula verbunden. Das dichte, trockene Buschland der Halbinsel wird immer wieder von Bränden heimgesucht. Vor allem im Hochsommer ist daher der Umgang mit offenem Feuer höchst gefährlich.

Orte auf Pelješac

Orebić ⸺▹ S. 120, A 14
1500 Einwohner

Orebić, durch den Pelješki-Kanal von der Insel Korčula getrennt, gilt als Heimat berühmter Seefahrer. Zeugnis geben davon die prachtvollen Häuser ehemaliger Kapitäne, die sich in Orebić niedergelassen haben.

In einer der Weinschänken in Orebić kann man die vollmundigen, charaktervollen Rotweine aus Postup und Dingač verkosten.

> ## MERIAN-Tipp
>
> ### ⑨ Jahrhundertealte Zypressen
>
> Oberhalb und westlich von Orebić haben nicht wenige Zypressen überdauert, die 300, 400 Jahre oder noch älter sind. Die ältesten Exemplare befinden sich nahe der kleinen Kapelle Gospa od Karmena, die westlich der Ortschaft am Hang liegt. Die Kapelle stammt aus der ersten Hälfte des 17. Jahrhunderts. Die Umgebung der Kapelle zählt zu den verwunschensten und atmosphärisch beeindruckendsten Orten weit und breit. Hier kann man die Seele baumeln lassen und sich in längst vergangene Zeiten hineinträumen. → S. 120, A 14

Die Stadt wird überragt vom 961 m hohen **Sveti Ilija**, der höchsten Erhebung der dalmatinischen Inselwelt. Die gesamte Gebirgsregion um den Sveti Ilija eignet sich vorzüglich für Wanderungen; vom Gipfel eröffnet sich ein wahrlich grandioser Blick auf das Festland und die adriatischen Inseln (→ Routen und Touren, S. 94).

HOTELS/ANDERE UNTERKÜNFTE
Orsan
Das anspruchsvollste Hotel der Gegend. 1998 komplett renoviert. Schöne Lage wenige Kilometer außerhalb des Ortes direkt am Meer. Eigener Kieselstrand. Großer Pool, Bar, Grünanlagen, Fahrradverleih, vier Tennisplätze, Volleyballplatz, Tischtennis und Surfing. Modern eingerichtete Zimmer mit Heizung. Spezialprogramme und Angebote für Kinder. Freundliches Personal. Bei deutschen Reiseveranstaltern im Programm (auch all-inclusive). Das Hotel ist ein gutes Beispiel für eine sinnvoll vorgenommene Modernisierung sowie für eine kundenfreundliche und engagierte Leitung. Auch für Wanderer geeignet, die die Bergregion des Sveti Ilija erkunden möchten. Einer der reizvollsten Wanderwege beginnt in der Nähe des Hotels.
Bana Josipa Jelačića 119;
Tel. 0 20/71 30 26, Tel. und Fax 0 20/71 32 67; www.orebic-htp.hr; 94 Zimmer, 3 Apartments ●●/●●● CREDIT

Rathaneum
In direkter Nachbarschaft zum Hotel Orsan. Wird von der gleichen Hotelgruppe verwaltet. Eine umfassende Modernisierung steht noch aus.
Šetalište Petra Krešimira IV 107;
Tel. 0 20/71 30 22, Tel. und Fax 0 20/71 31 93; 195 Zimmer und 30 Suiten ●● CREDIT

SEHENSWERTES
Kapitänshäuser
Den Namen erhielt der Ort von der Kapitänsfamilie Orebić, die hier im Mittelalter lebte. Vor allem im 19. Jh. avancierte die Küstenortschaft zu einem beliebten Wohnort für Kapitäne und andere Seefahrer. Viele von ihnen ließen sich prächtige Häuser und Villen erbauen, umgeben von üppigen Gärten. Die meisten dieser sehenswerten Häuser liegen nahe der Obala Pomoraca bzw. Šetalište Maršala Tita zwischen der Fähranlegestelle und dem beliebten Kieselstrand Trstenica.

MUSEEN
Franziskanerkloster/ Franjevački samostan
Das Franziskanerkloster, erbaut im 15. Jh., liegt einige Kilometer westlich der Stadt an einem Hang mit einem wahrlich wundervollen Blick über das Meer, die kleinen Inseln und die gegenüberliegende Stadt Korčula. Zwischen den Hotels Bellevue und Rathaneum führt eine Asphaltstraße (ausgeschildert) hinauf zum Kloster. Rings um den Innenhof zeigt eine Sammlung historische Modelle von Last- und Segelschiffen, Porträts von Seefahrern aus Orebić, Seekarten und Gemälde von Schiffen. Ausgestellt ist auch eine interessante Fotografie, die

Orebić, den Monte Vipera – so hieß der Sveti Ilija seinerzeit – und das umgebende Bergland im Jahre 1885 zeigt. Im erst Anfang 1999 renovierten Refektorium sind historische Gemälde aus dem Besitz des Klosters zu sehen. Unbedingt sehenswert ist auch der benachbart gelegene alte Friedhof, auf dem auch zahlreiche Seefahrer und Kapitäne aus Orebić bestattet sind.
Mo–Sa 9–12 und 16–19, So 16–18 Uhr; Eintritt 5 Kuna

Meeresmuseum/Pomorski muzej
Das Meeres- und Seefahrtmuseum existiert bereits seit 1957. Zu sehen sind nautische Instrumente, Gemälde von Seefahrern, Kapitänen und Schiffen, historische Schiffsmodelle.
Trg Mimbelli b b; Tel. 71 30 09; Mo–Fr 9–12 und 18–20 Uhr, Sa, So nach Vereinbarung; Eintritt 5 Kuna, Kinder 3 Kuna

Essen und Trinken
Konoba Pelješki Dvori
Gemütliches Ambiente, schöne Terrasse. Pikante Gavrilovic-Salami aus Slavonien, deftige Fleischgerichte vom Grill, diverse Käsesorten und Risottos. Rund ein Dutzend Weine.
Obala Pomoraca 36; Tel. 71 33 29; Okt.–Feb. geschl. • AmEx DINERS VISA

Konoba Taverna Mlinica
Urige Taverne in den Räumlichkeiten einer alten Olivenmühle. Dekoration mit antiken Objekten, einer Presse und Mahlrädern aus der ehemaligen Olivenmühle. Deftige Fleischgerichte auf Vorbestellung, ansonsten kleine Käse- und Schinkenhappen, lokale Weine. Die Senioren des Ortes treffen sich hier gern zum Kartenspiel.
Joza Šunja 1 (im hinteren Bereich des Geländes); Mo–Sa 19.30–22, So 13–22 Uhr •

Service
Auskunft
Fremdenverkehrsbüro
20250 Orebić, Trg Mimbelli b b;
Tel./Fax 71 37 18; www.tz-orebic.com;
8–13 Uhr

Ston ---> S. 120, C 14
800 Einwohner

Die Ortschaft besteht aus den beiden Ortsteilen **Mali Ston** und **Veliki Ston**. Sie liegt an der Landenge, die Pelješac mit dem Festland verbindet. Durch ein Erdbeben im Jahr 1996 wurden einige der historischen Gebäude beschädigt. Bedeutend ist hier seit langem die Muschel- und Austern-

Geschichten aus vergangenen Tagen erzählen die alten Kapitänshäuser von Orebić.

Insel Korčula und Halbinsel Pelješac

Der idyllische Ort Mali Ston hat bei Gourmets einen sehr guten Ruf, denn hier kommen Muscheln und Austern besonders frisch auf den Tisch.

zucht. Selbst von Dubrovnik aus kommen Feinschmecker angereist, um hier frische Austern und andere Meerestiere zu genießen.

Hotels/andere Unterkünfte
Ostrea
Dieses kleine, rundweg komfortable und angenehme Hotel besteht seit 1998 und liegt direkt nahe der Muschel- und Austernzuchtanlagen in Mali Ston. Engagierte Leitung durch die Familie Kralj. Das niveauvollste Familienhotel weit und breit. Ganzjährig geöffnet.

Angeschlossen ist das ebenso empfehlenswerte Restaurant Mlinica mit schönem Blick auf die Bucht und einem vorzüglichen Angebot an Austern, Miesmuscheln, Hummer, Scampi etc. Die Chefköchin Lidija Kralj gewann schon mehrere Preise.
Mali Ston; Tel. 0 20/75 45 55,
Fax 75 45 75; www.ostrea.hr; 9 Zimmer,
1 Suite ●●● CREDIT

Sehenswertes
Wehrmauer 👥
Im 14. Jh. wurden Mali und Veliki Ston durch die Republik Dubrovnik planmäßig angelegt und mit Wehrmauer, Wachtürmen, Bastionen und anderen Verteidigungsanlagen ausgestattet. Die nahezu 6 km lange, imposante Wehrmauer (Touristen können einen Spaziergang auf der Mauerkrone unternehmen) ist heute noch erhalten und verbindet beide Ortsteile miteinander. Die historischen Gebäude in Veliki Ston – darunter der Bischofspalast aus dem 16. Jh. – wurden teilweise beim Erdbeben 1996 beschädigt.

Essen und Trinken
Kapetanova Kuća
In der Nähe des Hotels Ostrea in Mali Ston gelegen, ebenfalls von der Familie Kralj geführt.
Mali Ston; Tel. 75 45 55, 75 42 64,
Fax 75 45 75 ●● CREDIT

Ston – Viganj

Vila Koruna
→ MERIAN-Tipp, S. 15

Service
Auskunft
Fremdenverkehrsverband
20230 Ston, Trg Kralja Tomislava 1;
Tel. und Fax 0 20/75 44 52

Viganj ⤑ S. 119, E 11
350 Einwohner

Rund 7 km westlich von Orebić liegt zwischen Bauerngärten die kleine Küstenortschaft Viganj. Auch hier waltet eine lange Seefahrertradition. Berühmt ist der Ort heute – ähnlich wie die Nachbarortschaft Kućište – bei Windsurfern; die Windbedingungen im Pelješki-Kanal zwischen Viganj und der Nachbarinsel Korčula sind äußerst günstig. Deshalb fanden hier bereits große, auch internationale Surfwettbewerbe statt. Im Ort und in der Umgebung gibt es nicht wenige Fremdenzimmer bzw. Campingplätze. Eine mehrmals täglich verkehrende Personenfähre verbindet Viganj mit Korčula-Stadt auf der gegenüberliegenden Insel Korčula, die nur wenige Kilometer entfernt ist. Von Viganj aus führt die Straße durch das Gebirge bis zur ganz im Westen gelegenen Küstenortschaft Lovište.

Hotels/andere Unterkünfte
Pansion Mirina
Sehr empfehlenswerte kleine Privatpension der Familie Antunović. Außerhalb des Ortes an der Straße in Richtung Lovište gelegen. Herzliches, gastliches Ambiente. Herausragend schmackhaftes Essen, Wein, Trester und Backwaren aus eigener Herstellung. Viele deutsche und belgische Stammgäste. Ein guter Stützpunkt für Wanderungen in der Gebirgsregion des Sveti Ilija.
Viganj; Tel./Fax 0 20/71 90 33;
www.mirina-viganj.com; 8 Zimmer und
4 Apartments ● ⌷

Service
Auskunft
Fremdenverkehrsbüro
20267 Viganj und Kućište;
Tel. 0 20/71 92 95, 71 37 18 und 71 31 23

Veliki Ston auf der Halbinsel Pelješac (→ S. 71) ist durch die Austern- und Muschelzucht sowie seine imposante, sechs Kilometer lange Wehrmauer bekannt.

Dubrovnik und Umgebung

Einzigartiges Altstadtensemble innerhalb von Festungsmauern mit mediterranem Charme.

Der Blick von der Stadtmauer auf die Altstadt von Dubrovnik mit ihrer imposanten Kathedrale eröffnet dem Besucher neue Perspektiven der viel besuchten Stadt.

Neue Geschäfte, Cafés und Restaurants haben sich in den letzten Jahren in der Altstadt angesiedelt. Viele würdige Bürgerhäuser sind restauriert worden. Wer den außerordentlichen Charme dieses Weltkulturerbes erleben möchte, findet die intensivste Inspiration am frühen Morgen – noch ehe die Heerscharen von Besuchern die Gassen erfüllen. Auch Sommerabende – oft mit spektakulären Sonnenuntergängen über dem Meer – sind geeignet für eine ungestörte Begegnung mit der Architektur der Stadt. Ein Rundgang auf der Stadtmauer (auch möglichst früh am Vormittag) rundet in jedem Fall die Eindrücke von Dubrovnik ab.

Dubrovnik ⇢ S. 121, E 15

50 000 Einwohner
Stadtplan → S. 79

Die zwischen dem 12. und 17. Jh. entstandene Altstadt von Dubrovnik – als Weltkulturerbe eingestuft – ist seit langem ein klassisches touristisches Besuchsziel an der Adria. Das städtebauliche Ensemble geht weitgehend zurück auf die Zeit der unabhängigen Stadtrepublik Ragusa. Sie genoss vom 14. bis 16. Jh. den Zenit ihrer Blüte und entfaltete einen kulturellen, geistigen und wirtschaftlichen Wohlstand, der sich auch im Bau von prächtigen kirchlichen und weltlichen Gebäuden niederschlug. Von Oktober 1991 bis Mai 1992 wurde Dubrovnik im Rahmen der kriegerischen Auseinandersetzungen im ehemaligen Jugoslawien mehrfach mit Granaten beschossen. Nicht wenige Wohnhäuser und historische Gebäude in der Altstadt wurden schwer beschädigt.

Inzwischen sind die wichtigsten Restaurierungsarbeiten abgeschlossen und Gebäudebeschädigungen behoben. Viele Altbauten werden modernisiert. Das ganze Jahr hindurch ist Dubrovnik – wie einst vor dem Krieg – Ziel von ungezählten Besuchern aus den verschiedensten Ländern.

HOTELS/ANDERE UNTERKÜNFTE

Excelsior ⇢ S. 79, östl. d 1
Komfortables Hotel mit Blick auf die Altstadt. Viele Geschäftsleute und Touristengruppen. Moderner Standard. Kleiner Hausstrand. Sauna, eigene Parkplätze, Hallenbad, Restaurant, Klimaanlage. Nebenan liegt das etwas weniger große Hotel Argentina.
Put Frana Supila 12; Tel. 0 20/41 42 15 und 35 33 53, Fax 41 44 14;
www.hotel-excelsior.hr; 146 Zimmer und 18 Suiten ●●●● CREDIT

Villa Dubrovnik ⇢ S. 79, östl. d 1
Eines der anspruchsvollsten Hotels ganz Dalmatiens. Wohlhabende internationale Klientel, die auf Stil, Diskretion und geschmackvollen Komfort großen Wert legt. 15 Minuten Fußweg bis zur Altstadt. Schöner Blick auf die vorgelagerte Insel Lokrum und die Monumente Dubrovniks. Ruhige Lage. Großer, gepflegter Garten, eigener Strand. Privater Bootservice. Transfer zum Flughafen. Schattige Restaurant-Terrasse. Alle komfortabel ausgestatteten Zimmer mit Balkon und Meerblick. Überaus freundlicher und geschulter Service.
Vlaha Bukovca 6; Tel. 0 20/42 29 33, Fax 42 34 65; www.villa-dubrovnik.hr;
E-Mail: Villa.Dubrovnik@laus.hr;
40 Zimmer, 1 Suite; Nov.–Ende April geschl. ●●●● CREDIT

SPAZIERGANG

Dubrovnik verfügt über einen geschlossenen **Befestigungsring**, der uns die Möglichkeit bietet, oben auf der knapp 2000 m langen Wehrmauer die gesamte Stadt zu umrunden und viele der bedeutendsten Sehenswürdigkeiten von oben zu betrachten. Wir beginnen unseren Spaziergang am **Pile-Tor**, das zwischen 1460 und 1537 entstand und heute der am meisten genutzte Zugang zur Altstadt ist. Der

Aufgang zur Stadtmauer wird morgens gegen 9 Uhr geöffnet (Eintritt 15 Kuna, Kinder 5 Kuna).

Wir gehen auf dem Mauerring parallel zum Meer in Richtung Hafen. Unterwegs schweift der Blick hinunter in die Gassenschluchten und Hinterhöfe. Am **St. Margarethen-Turm** vorbei erreichen wir schließlich das **Fort Sv. Ivan**, in dem heute das Meeresmuseum untergebracht ist. Weiter führt der Weg an der rückwärtigen Front des **Rektorenpalastes** aus dem 15. Jh., am **Sponza-Palast** (15. Jh.) und am **St.-Lukas-Turm** vorbei bis zum **Ploče-Tor** nahe dem Fort Revelin. Auch hier lohnt wieder ein Zwischenstopp, um den Blick auf den Hafen und das Meer zu genießen.

Wendet man den Blick zur Altstadt, schaut man auf eine markante Landschaft aus Dachpfannen, bepflanzten Dachterrassen, Antennen, Kuppeln und Türmen. Wir haben jetzt den Hangbereich der Mauer erreicht. Hier laufen wir am **Dominikanerkloster** vorbei bis zum **Fort Minčeta** und dann weiter bis zum **Pile-Tor**, wo wir hinunter in die Altstadt weitergehen. Über die **Placa**, die Prachtstraße der Altstadt, gelangen wir zur großen **Sv.-Vlaha-Kirche** aus dem frühen 18. Jh., vor der sich das Roland-Denkmal befindet. Gegenüber liegt der schmucke **Sponza-Palast**. Am Rektorenpalast vorbei erreichen wir den **Gundulić-Platz**, auf dem an jedem Werktag ein belebter Wochenmarkt stattfindet. Durch die Gasse **Od Puča** erreichen wir das **Franziskanerkloster**, schauen uns noch den prächtigen **Onofrio-Brunnen** aus dem 15. Jh. an und erreichen schließlich erneut das Pile-Tor.

SEHENSWERTES

Dominikanerkloster/Dominikanskisamostan i crkva ····⋙ S. 79, c 1/2
Am Sponza-Palast vorbei führt eine Gasse entlang der Festungsmauer zum monumentalen Dominikanerkloster, mit dessen Bau schon im frühen 14. Jh. begonnen wurde und der ein typisches Beispiel dalmatinischer Baukunst ist. Renaissance und Gotik arbeiten hier Hand in Hand. Neben der Klosterkirche und dem Kreuzgang ist das angeschlossene Klostermuseum sehenswert (→ S. 80).
Sv. Dominika

Franziskanerkloster/Franjevačka crkva i samostan ····⋙ S. 79, b 1/2
Das mittelalterliche Gebäude aus dem frühen 14. Jh. beeindruckt nicht zuletzt durch seinen Kreuzgang mit den filigranen Doppelsäulen. Im angeschlossenen Museum ist neben Goldschmiedearbeiten, historischen Stadtansichten und Gemälden eine originalgetreue Apotheke ausgestellt, eine der ältesten ihrer Art in Europa.
Poljana Paska Miličevića; in der Saison tgl. 9–18 Uhr; Eintritt 6 Kuna, Kinder 4 Kuna

Hauptstraße/Placa ····⋙ S. 79, b/c 2
Die berühmte Flaniermeile zwischen dem Pile-Tor und dem Luža-Platz wird auch Stradun genannt. An beiden Flanken liegen zahlreiche Cafés und Geschäfte. Das glatt geschliffene Straßenpflaster stammt aus dem 15. Jh. Die Hausfassaden längs der Placa wurden von den Bürgern nach dem Erdbeben von 1667 einheitlich wieder aufgebaut.

Rektorenpalast/Kneževdvor
····⋙ S. 79, c 2
Der bedeutendste Profanbau der Stadt stammt aus dem 15. Jh. und diente seit während der Dubrovniker Republik als Wohnung des Rektors und Sitz des Großen und Kleinen Rats. Kein Geringerer als Michelozzo Michelozzi hat diesen Palast 1463 erneuert. Sehenswert sind vor allem der Innenhof, die barocke Treppe und das interessante Stadtmuseum (→ S. 80) mit vielen Originalstücken aus der Zeit der Dubrovniker Republik.
Pred Dvorom 1; 9–18 Uhr, Eintritt 15 Kuna, Kinder 10 Kuna

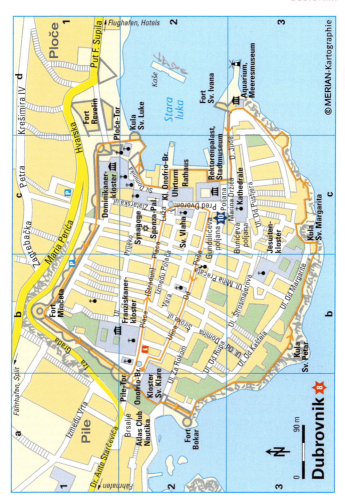

Sponza-Palast/Palaca Sponza
⇢ S. 79, c 2

Schräg gegenüber der Kirche Sv. Vlaha gelegener Palast (1516–1522), der Elemente der Spätgotik und Renaissance aufzeigt. Das Gebäude diente als Zollamt, Lagerhaus, städtische Münze und auch als Gefängnis (Kellergeschoss). Heute ist hier das Archiv der Stadt Dubrovnik untergebracht.
Luža

St.-Blasius-Kirche/Sv. Vlaha
⇢ S. 79, c 2

Die barocke Kirche am Luža-Platz aus dem frühen 18. Jh. ist dem Heiligen Blasius gewidmet. Sehenswert ist die vergoldete Silberstatue des Heiligen.

Museen
Aquarium ⇢ S. 79, d 3

Flora und Fauna der Adria: Seepferdchen, Brassen, Meeraale, Meeres-

schildkröten, außerdem Muscheln, Austern, Langusten, Korallen. Keine vorbildliche und artgerechte Präsentation der Tiere.
D. Jude 2; tgl. 8–20 Uhr; an Feiertagen geschl.; Eintritt 15 Kuna, Kinder 10 Kuna

Meeresmuseum/Pomorski muzej
⤑ S. 79, d 3

Historische Funde aller Art aus dem Meer (Amphoren, Münzen, Keramik), dazu Schiffsmodelle, Gemälde, Seekarten, Urkunden, Schiffsinventar. Untergebracht in der Sveti-Ivan-Festung in der Nähe des Aquariums.
Tvrddava Sv. Ivana; Di–So 9–19 Uhr; Eintritt 15 Kuna, Kinder 7 Kuna

Museum im Dominikanerkloster
⤑ S. 79, c 1

Devotionalien, historische Gemälde (darunter ein berühmtes Tizian-Bild), Altarbilder, Schmuck aus venezianischer Zeit, Messbücher. Sehenswert ist auch der schöne Innenhof des Klosters.
Sv. Dominika 4; tgl. 9–18 Uhr; Eintritt 10 Kuna, Kinder 5 Kuna

Stadtmuseum/Dubrovački muzej
⤑ S. 79, c 2

Interessante Sammlung zur Geschichte der Republik Dubrovnik. Im Zwischengeschoss sind Münzen, Majolika, Fayencen, Waffen, Porträts und Kostüme aus der Zeit zwischen dem 13. und 19. Jh. zu sehen. Das Obergeschoss zeigt vor allem Mobiliar und Porträts prominenter Stadtbürger aus dem 18. Jh. Des Weiteren sind ein Rokokosaal, das historische Kabinett des Rektors, ein Musiksaal mit Mobiliar aus dem 18. Jh. sowie eine Pinakothek mit Gemälden aus dem 15. und 16. Jh. angeschlossen. Besondere Aufmerksamkeit verdient das Kabinett des Rektors. In einem kleinen, mit Intarsien verzierten Kästchen befinden sich die vier Schlüssel der beiden Stadttore Dubrovniks.
Pred Dvorom 3; Mo–Sa 9–13 Uhr; Eintritt 10 Kuna, Kinder 5 Kuna

ESSEN UND TRINKEN
Atlas Club Nautika ⤑ S. 79, a 2
Edel und teuer, beliebt bei Geschäftsleuten. Große Terrasse, Meerblick.

Im Meeresmuseum von Dubrovnik kann man alles bewundern, was das Meer an historischen Schätzen und Kuriositäten barg.

Kompetent zubereitete Fisch- und Fleischgerichte. Große Wein- und Getränkekarte. Bis 24 Uhr geöffnet.
Brsalje 3 (nahe dem Pile-Tor);
Tel. 0 20/44 25 26 ●●● CREDIT

Domino ⇢ S. 79, b 2
Gepflegtes, niveauvolles und beliebtes Restaurant, eines der besten in der Altstadt. Außer Steaks (der Hausspezialität), Lebergerichten und Rostbraten werden auch Meeresfrüchte (Scampi Domino) und Fischgerichte angeboten.
Od Domina 6; Tel. 0 20/43 28 32;
1. Dez.–7. Jan. geschl. ●● bis ●●● CREDIT

Kamenice ⇢ S. 79, c 2
Am Gundulić-Platz (Wochenmarkt) gelegen mit einfacher Einrichtung, aber einem überraschend niveauvollen Angebot an kleinen Happen.
Gundulićeva poljana 8;
Tel. 0 20/4 21 49 9 ● CREDIT

Am Abend
Caffé Bar Libertina ⇢ S. 79, c 2
Kleine, urige und gemütliche Bar. Anspruchsvolle Musik, viel Jazz. Treff von Künstlern, Musikern, Lebenskünstlern im vorgerückten Alter. In der Saison bis nach Mitternacht geöffnet.
Zlatarska ulica 5

Service
Ankunft/Abfahrt
Fähren (Jadrolinija)
Tel. 0 20/41 80 00 ⇢ S. 79, westl. b 2
Flughafen Čilipi ⇢ S. 121, E 15/16
Tel. 0 20/77 33 77

Auskunft
Fremdenverkehrsbüro ⇢ S. 79, b 2
Dubrovnik
Cvijete Zuzorić 1/II; Tel. 0 20/32 38 87
und 32 38 89, Fax 32 37 25;
www.tzdubrovnik.hr

Informationsbüro in der Altstadt
Stradun, Placa bb;
Tel. 0 20/42 63 54, Tel./Fax 42 63 55;
E-Mail: tic-stradun@du-tel.hr

MERIAN-Tipp
Troubadour Hard Jazz Caffé

So nennt sich dieses seit mehr als 20 Jahren in der Altstadt existierende Lokal, der Treffpunkt der Jazzfreunde und Veteranen der örtlichen Kulturszene. Mancher Künstler, der sich umständehalber nicht in der Lage sah, seine Zeche zu bezahlen, trug seine Schulden ab, indem er dem »Troubadour« ein Gemälde, eine Zeichnung oder eine Fotografie vermachte. Die Wände bezeugen dies. An den Wänden Fotos von prominenten Besuchern aus dem In- und Ausland. Ganzjährig bis nach Mitternacht geöffnet. Gemütliches Ambiente.

Eingänge jeweils: Bunideva poljana 2 und Gunulideva poljana 3;
Tel. 0 20/41 21 54 ⇢ S. 79, c 2–3

Ziele in der Umgebung
Elaphitische Inseln
⇢ S. 121, D 15

Die zwischen der Halbinsel Pelješac und Dubrovnik gelegene Inselgruppe ist von Dubrovnik aus per Fähre oder Ausflugsboot zu erreichen. Bewohnt sind lediglich die drei Elaphitischen Inseln (Hirschinseln) Koločep, Lopud und Šipan; hier leben ca. 1000 Menschen. Koločep und Lopud sind frei von jeglichem Autoverkehr. Hier kann man in der faszinierenden Landschaft Ruhe auftanken. Attraktiv sind die Sand- und Kieselstrände bzw. die Tauchareale der Inseln. Hotels und Privatquartiere gibt es genügend.

Mljet ⇢ S. 120, B 14/C 15

Die lang gestreckte, rund 100 qkm große Insel liegt südlich der Halbinsel Pelješac weit draußen in der Adria und ist von Dubrovnik aus mit der Fähre

Die Insel Mljet mit ihrem 30 Quadratkilometer großen Nationalpark liegt weit draußen in der Adria und ist von Dubrovnik (→ S. 77) aus mit Fähren erreichbar.

zu erreichen. Rund 30 qkm im Westen der Insel sind seit 1960 als Nationalpark ausgewiesen. Hier gibt es nahe der beiden Binnenseen das Hotel Odisej sowie mehrere Privatpensionen. Nahebei auf einer Insel im Großen See das ehemalige, inzwischen teilweise renovierte Benediktinerkloster aus dem 12. Jh. Für den Besuch des Nationalparks mit den beiden Binnenseen wird in der Saison ein Eintrittsgeld verlangt. Es bestehen Fährverbindungen zum Benediktinerkloster auf der Insel inmitten des Großen Sees. Ansonsten hat Mljet eine wilde, unverfälschte und mediterrane Natur und viel Stille und Abgeschiedenheit zu bieten. Eine bedeutende Einnahmequelle ist der Hummer- und Langustenfang.

Der Fremdenverkehr spielt für das Zentrum und den Osten der Insel kaum eine Rolle. Hier liegen die kleinen, stets von Ruhe und Gemächlichkeit erfüllten Ortschaften **Babino Polje** und **Kurita**. Lohnend ist ein Fahrradausflug auf der Straße, welche die Insel von West nach Ost durchquert. Der Westen hingegen rund um **Pomena** weist eine gewisse touristische Infrastruktur auf.

Lokrum ⇢ S. 121, D 15

Kleine, der Stadt unmittelbar vorgelagerte Insel, die per Ausflugsboot ab dem Alten Hafen (Stara Luka) nahe dem Ploče-Tor erreicht wird. Auf der Insel findet sich ein Park mit schöner subtropischer Vegetation, einige historische Bauten, vor allem aber einige Badestrände, die an Sommertagen gern von Einheimischen, weniger von Touristen aufgesucht werden.

Lopud ⇢ S. 121, D 15

Die knapp 5 qkm große Insel liegt zwischen den Inseln Šipan und Koločep und zählt ebenfalls zu den Elaphitischen Inseln. Süßwasserquellen haben eine üppige mediterrane Vegetation entstehen lassen. In der Ortschaft Lopud und nahebei sind Hotels und andere touristisch genutzte Unterkünfte entstanden. Neben einem Heimatmuseum und diversen Stränden verfügt die auch im Sommer nicht übermäßig überlaufene Insel über eine ansehnliche Uferpromenade und die Ruine eines ehemaligen Franziskanerklosters.

Šipan ····⟶ S. 121, D 15

Šipan ist mit rund 16 qkm die größte der Inselgruppe. Auch dieses Eiland – gleichfalls autofrei – bietet dem Besucher viel Ruhe, eine unverschandelte Natur, einige kleinere, aber niemals überfüllte Kiesstrände sowie reizvolle Gelegenheiten für Spaziergänge und Wanderungen.

Im Zentrum der Insel befindet sich das Anbaugebiet für die hier kultivierten Landweine. Die touristische Erschließung hält sich in Grenzen. Mehrere Unterkünfte, Geschäfte und Tavernen im Hauptort **Šipanska Luka**. Oberhalb der Ortschaft haben Teile eines Rektorenpalasts aus dem 15. Jh. überdauert. Ein reizvoller Spaziergang führt von Šipanska Luka zum Fischerdorf Suđurađ am anderen Ende der Insel.

Trsteno ····⟶ S. 121, D 15

Küstenort mit einem einzigartigen Arboretum, in dem viele seltene und alte Bäume und Sträucher aus dem Mittelmeerraum und anderen Klimazonen zu sehen sind. Der fast 3 ha große Park wurde 1502 von der Dubrovniker Patrizierfamilie Gučetić-Gozze angelegt. Ihn schmücken Fontänen, Wasserkanäle, Steinskulpturen und Brunnen. Im 16. und 17. Jh. zog es Dichter, Künstler und Philosophen in diesen Prachtgarten der Vegetation. Durch ein Feuer im Sommer 2000 wurden Teile des Parks beschädigt. Im Park selbst sind viele Bäume, Sträucher und Pflanzen mit Namen bezeichnet. Schöne Kiefern, Zypressen, Zürgelbäume, Robinien, Palmen, Weißbuchen und andere Bäume und Sträucher des Mittelmeerraums.
Tel. 0 20/75 10 19; tgl. 8–19 Uhr; im Winter bis 16 Uhr; Eintritt 12 Kuna, Schüler und Studenten 10 Kuna, Kinder 5 Kuna
20 km nordwestl. von Dubrovnik

In Trsteno, 20 Kilometer nordwestlich von Dubrovnik (→ S. 77), kann man im Arboretum neben vielen seltenen Bäumen auch diese Steinskulpturen bewundern.

Routen und Touren

Der Krka-Nationalpark (→ S. 90) ist nicht nur wegen seiner berühmten Wasserfälle einen Ausflug wert, hier kann man auch wandern, baden und in der Sonne liegen.

Auf den Inseln oder im Hinterland der Küste trifft der Besucher auf eine kraftvolle südländische Natur, besonders attraktiv für Wanderungen oder Fahrradtouren.

Gipfeltour zum Sveti Jure – Virtuose Natur im dalmatinischen Hochgebirge

Charakteristik: Ausflug mit dem Auto; Erfahrung bei Fahrten über Serpentinen und enge Straßen erforderlich; **Länge:** ab der Küstenstraße ca. 30 km; **Dauer:** Halbtages- oder Tagesausflug; **Einkehrmöglichkeiten:** im Gipfelbereich keine, aber in der Ortschaft Gornji Tučepi ⇢ S. 55; **Karte:** ⇢ S. 119, E 10

Im Naturpark Biokovo kann man wandern und sich über Flora und Fauna informieren.

Der höchste Berg Dalmatiens bietet spektakuläre Ausblicke in die nahe und ferne Umgebung. In den höheren Lagen des **Biokovo-Gebirges** kann bis weit in den Mai hinein Schnee liegen. Und selbst im Sommer ist es im Bereich der Gipfelregion mitunter zugig und kalt. Ohne entsprechend warme Kleidung und Wanderschuhe wird der Ausflug gewiss kein Genuss. Abzuraten ist eine Fahrt zum Sveti Jure an nebligen oder diesigen Tagen, dann wird man aus der Höhe nicht einmal bis zur Küste schauen können. An äußerst klaren Tagen allerdings wird man für die kurvenreiche Fahrt über Serpentinenstraßen mit einem Blick bis hinüber an die italienische Ostküste belohnt. Bei extrem guter Sicht, die allerdings selten ist, kann man den Monte Gargano an der italienischen Küste erkennen. Von Seehöhe geht es hinauf auf eine Höhenlage von rund 1700 m. Die Straße ist nicht besonders gut ausgebaut und besteht manchmal aus einer einspurigen Trasse, welche nur mit großer Vorsicht und angemessener Langsamkeit befahren werden kann. Grundsätzlich kann die Straße auch von normalen Personenkraftwagen ohne Vierradantrieb befahren werden. Erfahrungen mit Serpentinen und engen Straßenverhältnissen sollte der Fahrer unbedingt mitbringen. Wer sich einen Tag lang im Sveti Jure aufhalten möchte, sollte sich mit Proviant versorgen, denn es gibt keine Hütten oder ähnliche Einkehrmöglichkeiten.

Kreuzung ⇢ **Vrgorac**
An einer Kreuzung zwischen den Ortschaften **Makarska** und **Tučepi** biegt eine Straße in Richtung **Vrgorac** ab. Es ist dies die einzige Straße in der Umgebung, die von der Küste hinauf ins Bergland führt. Nach wenigen Kilometern biegt von der Hauptstraße nach links eine kleine Straße ab. Das Hinweisschild Richtung Vrgorac ist kaum zu übersehen. Sie führt hinauf zur Gipfelregion des **Sveti Jure**. Darauf verweist ein kleines Schild an der Abbiegung.

Routen und Touren 87

Pinienwald ⇢ Parkplatz

Die Straße führt zunächst durch Pinienwald, an Weißdorn und anderen Büschen vorbei. Ab ca. 1200 m wird die Landschaft merklich rauer. Nun sieht man kaum noch Wald, dafür viele kleine, vom Wind zerzauste Büsche, bizarre Karstformationen, verfallene Gehöfte und Ställe, kleine Felder, Bergziegen und einige halbwilde Pferde. Etwa ab Anfang Juni blühen hier viele bunte Gebirgsblumen. Die Autotour endet auf dem Parkplatz nahe dem Fernsehturm. Ab hier kommt man nur noch zu Fuß weiter. Die Fahrt ab Makarska bis zum Parkplatz nahe dem Gipfel dauert ca. eine Stunde.

Das gesamte Biokovo-Gebirge mit dem Sveti Jure, der bis zur Höhe von 1762 m aufsteigt, ist ein typisches Karstgebirge, mit kleineren und größeren Höhlen und Grotten. Botaniker haben hier zahlreiche seltene Pflanzen aufgespürt. Einen guten Überblick über die Fauna vermittelt auch der Botanische Garten in der Ortschaft Koišina (zwischen Makarska und Tučepi gelegen).

Wer speziell an kompetent geführten Wanderungen im Gipfelbereich interessiert ist, wendet sich am besten an »Biokovo active holiday«. Die Firma bietet Wanderungen und Höhlenbesuche an.

Kontakt: Dalmatinska 5, Makarska;
Tel. 0 21/61 69 74 sowie Tel. und Fax 61 64 55

Informationen über die Gebirgsregion, Wandertouren, Flora und Fauna bekommt man auch beim Fremdenverkehrsverband in der Küstenortschaft Tučepi, Kraj 103; Tel. 0 21/62 31 00; www.tucepi.hr

Über das Naturschutzgebiet Biokovo, über konkrete Maßnahmen des Naturschutzes und Neuigkeiten aus der regionalen Tier- und Pflanzenwelt informiert die Internetseite www.biokovo.com (auch in englischer Version). Weitere Kontaktmöglichkeit über Tel. 0 21/61 69 24.

Vom Sveti Jure aus genießt man einen grandiosen Blick über Küste, Meer und Inseln.

Landeinwärts nach Sinj – Sehenswerte Überraschungen im Hinterland

Charakteristik: Ausflug mit dem Auto auf manchmal verkehrsreichen Straßen; **Länge:** Hin- und Rückfahrt ab Split 80 km; **Dauer:** 1 Tag; **Einkehrmöglichkeiten:** In Sinj, vornehmlich in der Altstadt; **Karte:** ⸺⟶ S. 117, D 7–E 6/7

Eine knappe Stunde dauert die Autofahrt von Split bis zur rund 4500 Einwohner zählenden Ortschaft Sinj im Tal des Flüsschens Cetina. Das Landwirtschaftszentrum im Cetina-Tal lag im Krieg mit Jugoslawien 1991 bis 1993 nahe der Front; mehrere Dörfer und Siedlungen in unmittelbarer Nachbarschaft wurden von den serbischen Truppen zerstört. Im Mittelalter kämpften Türken und Venezianer um die Macht über das Städtchen. Auch in römischer Zeit war Sinj schon besiedelt, Osinium lautete der Name der Siedlung seinerzeit.

Split ⸺⟶ Sinj

Die Straße zwischen Split und Sinj ist kurvenreich, an manchen Stellen eng und besonders im Sommer äußerst verkehrsreich. Auch viele Lastwagen sind hier unterwegs. Es empfiehlt sich, aufmerksam und nicht zu schnell zu fahren, da Unfälle auf dieser Strecke keine Seltenheit sind.

Beherrschendes Bauwerk ist die Maria-Himmelfahrts-Kirche im Ortszentrum; in ihr wird das mit Gold umrahmte Bildnis der so genannten Wundermadonna von Sinj aufbewahrt. Das Museum des Kreises Cetina (**Muzej Cetinske Krajine**) in der A. Kačić-Miočić 5 ist ganzjährig von montags bis samstags zwischen 9 und 12 Uhr geöffnet und zeigt eine interessante Sammlung von Funden aus der frühen Siedlungsgeschichte von Sinj. Zu sehen sind vor allem Objekte aus der römischen Epoche: Steinwerkzeuge, Schmuck, Öllampen, Waffen, Teile einer Wasserleitung. Ausgestellt sind auch mittelalterliche Funde sowie ein großes Mosaik aus farbigen Steinen, das eine Szene aus dem Kampf gegen die Türken illustriert.

Rundweg sehenswert ist auch das Museum im örtlichen **Franziskanerkloster** in der Šetalište Alojzije Stepinca 1. Die Sammlung im Parterre zeigt

Das Städtchen Sinj liegt im Tal des malerischen Flusses Cetina, der sich in engem Flussbett bis zur Mündung in die Adria bei Omiš (→ S. 29) schlängelt.

Routen und Touren

Ein reges Treiben herrscht meist auf der Hauptstraße von Sinj, besonders dann, wenn samstags Wochenmarkt ist und Bauern aus der Umgebung anreisen.

vornehmlich archäologische Funde aus römischer Zeit, darunter Inschriften, Steinskulpturen und Sarkophage. Hinein in die ländlichen und folkloristischen Traditionen der jüngsten Vergangenheit führt die Ausstellung in der 1. Etage. Hier sind originelle und typische Gegenstände aus dem Landleben im Kreis Cetina zu betrachten: schöne handgearbeitete Trachten von Hirten und Bauern, Leder- und Holzobjekte, Küchengeräte, Webstühle, Messer, Hirtenflöten, Butterfässer und Feuerstellen. Das Museum ist nur im Sommer täglich geöffnet.

Kulinarische Spezialität von Sinj sind die kleinen, mit Sauerkrautblättern umwickelten Rindfleischrouladen »arambašići«. Auch getrocknetes und geräuchertes Hammelfleisch »koštradina«, Flusskrebse, Froschschenkel sowie in Maismehl gewälzte und dann gegrillte Forellen werden als Spezialitäten der Gegend angeboten. Erlebenswert ist auch der kleine Wochenmarkt von Sinj, auf dem vornehmlich Obst und Gemüse, Honig und Trockenfrüchte verkauft werden.

Das Hotel Alkar ist das einzige moderne Hotel im Zentrum der Ortschaft. Im hoteleigenen Restaurant können typische Spezialitäten der Region verkostet werden. Das Hotel verfügt auch über eine Bar und einen eigenen Parkplatz.

Wenn man während der Hauptsaison, besonders im August, dort übernachten möchte, sollte man reservieren lassen.
Vrlicka 50; Tel. 0 21/82 47 47 und 82 44 88, Fax 82 45 05;
www.hotel-alkar.hr; 51 Zimmer und
4 Apartments ●● CREDIT

Über das Fremdenverkehrsbüro (nur in der Saison besetzt), neben dem Hotel Alkar gelegen, kann man sich auch zum Reiterfest, das in der 1. oder 2. Augustwoche stattfindet, detailliert informieren. Dieses Fest in Erinnerung an den Sieg über die Türken im Jahr 1715 wird mit spektakulären Reiterspielen in traditionellen Kostümen gefeiert und ist einen Ausflug nach Sinj unbedingt wert.
Tel. und Fax 0 21/82 63 52;
E-Mail: tzg-sinj@st.tel.hr

Zu den Krka-Wasserfällen – Naturbegegnungen im Nationalpark

10

Charakteristik: Ausflug mit dem Auto auf gut ausgeschilderter Route; **Länge:** ab Šibenik 15 km; **Dauer:** Halbtages- oder Tagestour; **Einkehrmöglichkeiten:** in der Ortschaft Skradin; **Karte:** → S. 115, E 4–E 3

Das Wasser bricht sich tosend seine Bahn: Die Krka-Wasserfälle sind ein einzigartiges Naturschauspiel.

Mit Wucht stürzt sich die Krka in Kaskaden talwärts. Dieses Naturschauspiel lohnt die manchmal etwas beschwerliche Anfahrt von der Küste.

Die östlich der Stadt **Knin** entspringende Krka fällt auf ihrem rund 70 km langen Weg zur Mündung nahe der Stadt Šibenik über mehrere große Kalkterrassen insgesamt um mehr als 300 m ab und bildet dabei ungezählte kleine und große Kaskaden. Der wasserreiche Fluss hat an einigen Stellen auch enge, teilweise bis zu 200 m tiefe Kerbtäler ausgewaschen. Mehr als 110 qkm dieser Landschaften an den Ufern der Krka sind seit 1985 als Nationalpark ausgewiesen. Hier existieren nach Information der Parkverwaltung mehr als 850 Pflanzenarten, 18 Fisch-, 18 Fledermaus- und 220 Vogelarten. Die Seerosen-, Binsen- und Schilfgürtel an den Ufern der Gewässer sind reich an Amphibien und Insekten. Bei den Greifvögeln dominieren Habichte und Falken. Wildtauben und Nachtigallen sind stark verbreitet. In den geschützten Biotopen gedeihen selbst Feigenbäume.

Für den Aufenthalt im Nationalpark gelten strikte Regeln. Besucher dürfen nur an den gekennzeichneten Stellen im Fluss schwimmen. Es darf nur mit ausdrücklicher Genehmigung gefischt werden. Vor allem aber werden Besucher angehalten, keine Pflanzen zu pflücken oder zu beschädigen, kein offenes Feuer anzuzünden, keinen Müll wegzuwerfen und nicht wild am Flussufer zu campen.

Šibenik → Nationalpark Krka

Den **Nationalpark Krka** erreicht man am besten von Šibenik aus. Von hier ist die Anfahrt gut ausgeschildert. Sie führt zunächst auf der Landstraße in Richtung Drniš nordostwärts. Nach rund 10 km biegen wir bei Lozovac nach links von der Landstraße ab und folgen der Beschilderung. Nach weiteren 5 km ist der erste Parkplatz des Nationalparks erreicht. Hier muss das Auto abgestellt werden. Für den Besuch des Nationalparks wird ein Ein-

Routen und Touren

trittsgeld erhoben, das für Erwachsene je nach Saison zwischen 15 und 60 Kuna schwankt. 60 Kuna sind im Juli und August zu entrichten. Bei Kindern liegt der Eintrittspreis zwischen 10 und 45 Kuna.

Mehrere Wege führen zu den Stellen, von denen aus die Kaskaden am besten betrachtet werden können. Die spektakulärste Kaskade heißt **Skradinski buk**, sie ist 46 m hoch, 500 m lang und 200 m breit. Über 17 Stufen fällt der Fluss hier, begleitet von starkem Rauschen und ungestümer Gischt, talwärts. Zu dieser Kaskade werden Schiffsausflüge angeboten. Auch der etwa 15 km nordwärts gelegene **Roški slap** ist ein grandioser, sehenswerter Wasserfall. In einigen Bassins, die der Fluss im unteren Bereich der Kaskaden bildet, ist das Baden erlaubt. Liegewiesen laden zum Sonnen ein.

In der Saison werden Schiffsausflüge zur mitten in der Krka gelegenen **Insel Visovac** angeboten, auf der sich ein Franziskanerkloster befindet. In dem aus dem 15. Jh. stammenden Kloster kann eine Sammlung kostbarer Bücher, Urkunden und anderer sakraler Kunstwerke besichtigt werden.

Skradinski-Wasserfälle ⸺⸺> Skradin
Nahe den Skradinski-Wasserfällen liegt die rund 700 Einwohner zählende Ortschaft **Skradin**, die in illyrischer Zeit Scardona hieß. Die Ortschaft verfügt über eine Marina und versucht in letzter Zeit immer deutlicher, ihre touristischen Vorzüge herauszustellen. Ab hier können Kajakausflüge auf der Krka unternommen werden. Auch Fahrrad- und Wandertouren werden angeboten; es gibt diverse Restaurants. Die Festung Turina im Zentrum wird derzeit komplett restauriert. Archäologische Ausgrabungsstätten wie etwa die von Bribirska Glavica liegen in der Nähe.

Information bei der örtlichen Fremdenverkehrsbehörde, Obala bana Šubića 1;
Tel. 0 22/77 13 06; www.skradin.hr
Informationsbüro des Nationalparks:
Trg Ivana Pavla II br. 5, 22000 Šibenik;
Tel. 0 22/21 77 20 und 21 77 30,
Fax 33 68 36;
E-Mail: turizam.npk@npkrka.hr

Die Internetseite www.npkrka.hr informiert die Besucher auch in deutscher Sprache über die Flora und Fauna des Nationalparks, mögliche Besichtigungen und Ausflüge, die günstigsten Anreiserouten sowie über die aktuellen Eintrittspreise.

Das kalkhaltige Wasser der Krka hat im Laufe unzähliger Jahre grün überwucherte Terrassen geschaffen, die heute Besucher aus aller Welt anziehen.

Über die Insel Korčula – Mediterrane Landschaft und gepflegte Weinkultur

Charakteristik: Ausflug mit dem Fahrrad, nur für geübte, bergerfahrene Fahrradfahrer; **Länge:** hin und zurück knapp 100 km; **Dauer:** 1 Tag; **Einkehrmöglichkeiten:** vor allem in Smokvica, Blato, Vela Luka; **Karte:** ⤑ S. 119, E 11–D 11

In einer tief eingeschnittenen Bucht der Ortschaft Vela Luka (→ S. 70) liegt der geschützte Fähr- und Fischerhafen.

Die Tour beginnt in der Inselmetropole Korčula im Osten des lang gestreckten Eilands. Wir radeln bis zur Hafenortschaft **Vela Luka** im Westen der Insel und dann wieder zurück zum Ausgangspunkt. Vor allem im ersten Teil der Fahrt steigt die Straße auf 200–300 m an. Wer Erfahrung mit Fahrradtouren im Bergland mitbringt, wird die zu bewältigenden Steigungen als durchaus passabel erleben. Die Tour vermittelt einen interessanten Einblick in die Landschaften Korčulas. Die Straßenqualität ist solide und für Fahrradtouren gut geeignet. Wer kein eigenes Fahrrad zur Verfügung hat, kann sich in Korčula-Stadt ein Fahrrad im Hotel Liburna; Tel. 0 20/71 10 06 und 72 60 26, oder bei Marko Polo Tours am Fährhafen; Tel. 0 20/71 54 00, ausleihen.

Noch ein wichtiger Hinweis: Die ambitionierte Fahrradtour ist durchaus an einem kompletten Ausflugstag zu bewältigen, vor allem dann, wenn man früh am Morgen aufbricht. Wem allerdings die beschriebene Distanz zu weit erscheint, der kann auch schon in Smokvica oder Blato umkehren und sich den Weg nach Vela Luka ersparen. Grundsätzlich ist es auch möglich, den Rückweg nicht per Fahrrad, sondern mit einem öffentlichen Bus zu bewältigen und das Fahrrad im Bus mitzunehmen. Ab Vela Luka verkehren mehrmals am Tag Busse nach Korčula-Stadt; sie halten in Blato, Smokvica und anderen Orten auf der Strecke. Über die Abfahrtzeiten der Busse informieren die örtlichen Fremdenverkehrsbüros. Nun aber endlich los!

Routen und Touren

Altstadt Korčula ···> Čara

Die Straße steigt ab der Altstadt von Korčula in Kurven an. Die schlimmsten Steigungen sind überwunden, sobald wir die Ortschaft **Žrnovo** erreicht haben. Wir fahren nun auf das kleine Dorf **Pupnat** zu. Etwa 3 km nach Pupnat liegt auf der linken Seite die geschützte Badebucht Pupnatska luka. Hier bietet sich im Rahmen der Tour die beste Gelegenheit für ein erfrischendes Bad in der Adria. Ein Fußweg führt hinab zur Bucht.

Weiter geht die Fahrt – nun ohne nennenswerte Steigungen – durch die gepflegte Kulturlandschaft im Zentrum der Insel. Vor allem Weintrauben der regionaltypischen Sorte Pošip werden hier angebaut. Daraus wird von der örtlichen Genossenschaft bzw. privaten Winzern ein Weißwein mit charakteristischem Geschmack gekeltert. Zentrum des Anbaugebiets sind die beiden Straßendörfer **Čara** und **Smokvica**. Wer sich für den Weißwein der Gegend interessiert, mag in Čara (Haus Nr. 158) die beiden Brüder Jurica und Mladen Šain (Tel. 0 20/83 31 66 und 83 40 01) aufsuchen. Sie stellen einen Pošip der Spitzenklasse her, der ein subtiles Stein- und Pfirsicharoma aufweist.

Blato ···> Vela Luka

Von Smokvica aus erreichen wir nach rund 12 km die Ortschaft **Blato**. Sie liegt nahe dem fruchtbaren Agrargebiet Blatsko polje. In der Umgebung werden im großen Stil Oliven angebaut. Den Ortskern von Blato erreichen wir über eine rund 2 km lange Lindenallee. Im Zentrum steht die Pfarrkirche Svi Sveti.

Die Kirche verfügt über eine reiche Silbersammlung, in der sich auch venezianische Kruzifixe aus dem 18. Jh. befinden. Der örtlichen Schutzpatronin Sveta Vicenca (Heilige Vicenza) wird am 28. April ein großes Fest mit abwechslungsreichem Kultur- und Unterhaltungsprogramm gewidmet. Aufgeführt wird dabei das Ritterspiel Kumpanija. Zwei Armeen kämpfen miteinander und müssen ihre Bereitschaft zur Verteidigung der Heimat unter Beweis stellen. Fahnentänze, Dudelsackmusik und dumpfe Klänge der großen Kriegstrommel begleiten die Festlichkeiten. Ehemals gehörte auch eine traditionelle Stieropferung dazu, sie wurde allerdings inzwischen abgeschafft.

Weitere 7 km sind es nun noch bis nach **Vela Luka**, der Hafenortschaft im Westen der Insel, wo auch die Fähre nach Hvar, Lastovo und Split abfährt. Die Ortschaft, mit nahezu 5000 Einwohnern die größte Siedlung der Insel, besitzt eine Reha-Klinik, in der rheumatische Beschwerden mit Heilschlamm behandelt werden. In der Umgebung werden Olivenbäume für ein äußerst begehrtes Olivenöl kultiviert. Die meisten Cafés und Tavernen befinden sich in der Nähe des Hafens. Gut geeignet für eine Zwischenmahlzeit ist das kleine, volkstümliche Restaurant Pod Bore (Tel. 0 20/81 30 69), das allerdings nur von Juni bis September geöffnet ist.

Fremdenverkehrsbüro, 20270 Vela Luka, Obala 3 br. 19; Tel./Fax 0 20/81 26 09

Die Zypressen auf Korčula (→ S. 67) sind oft Jahrhunderte alt und stehen mahnend wie Zeigefinger vor dem dunklen Blau des Himmels.

Wanderungen auf den Sveti Ilija – Urwüchsige Natur und weite Blicke

Charakteristik: Bergwanderung mit steilem Aufstieg, anspruchsvoll aber nicht gefährlich; **Länge:** ca. 12 km durch steiles Gebirgsgelände; **Dauer:** Aufstieg und Abstieg jeweils ca. 3 Stunden, insgesamt 1 Tag; **Einkehrmöglichkeiten:** unterwegs keine, aber in Orebić (→ S. 71); **Karte:** ⇢ S. 119, E 11

Die Wanderung ist zwar nicht schwierig oder riskant, erfordert aber doch eine gute Kondition und Erfahrung mit Bergwanderungen. Auch sollte man trittsicher und schwindelfrei sein. Unerlässlich sind solide Wanderschuhe und wetterfeste Kleidung – selbst im Sommer kann es auf dem Gipfel windig und kühl sein. Trinkwasser und Verpflegung sind ebenso mitzubringen, sinnvoll ist zudem die Mitnahme eines Fernglases.

Sinn macht diese Gipfelwanderung nur an klaren Gutwetter-Tagen. Bei Nebel, Regen oder heftigen Winden sollte man die Wanderung auf einen günstigeren Tag verschieben, der den Gipfelstürmer auch mit weiten Ausblicken belohnt. Grundsätzlich gibt es mindestens zwei Aufstiegsrouten. Die erste beginnt in der Ortschaft **Orebić**. Wir gehen auf der Küstenstraße, die durch den Ort führt, westwärts (im weitesten Sinn in Richtung **Kućište**) bis zum Hotel Bellevue auf der linken Seite. Bald hinter dem Hotel biegt rechts eine asphaltierte Straße ab. Sie führt recht steil den Hang hinauf bis zum Franziskanerkloster (Franjevački samostan). Wir folgen der Straße am Kloster vorbei und erreichen nach wenigen Minuten den Weiler Bilopolje. Hier zweigt rechts der Wanderweg zum Sveti Ilija

Wer auf den 961 Meter hohen Sveti Ilija möchte, muss gut zu Fuß sein und eine entsprechende Ausrüstung, vor allem feste Wanderschuhe, mitbringen.

ab, der üblicherweise mit einem rot-weißen Farbsymbol gekennzeichnet ist. Dieser Wanderweg – es folgt nun die anstrengendste Etappe – steigt in Kehren steil den Hang empor und führt dann in einen Wald hinein bis zu einer Weggabelung. Hier kreuzt die zweite Aufstiegsroute, die ebenso beschrieben werden soll:

Von der Küstenortschaft **Orebić** aus fahren wir zunächst mit dem Auto (oder Taxi) westwärts an der Küste entlang über **Kućište** und **Viganj** bis zur kleinen **Kapelle Sveti Ivan**. Hier steigt die Straße am Hang empor in Richtung Lovište. Ungefähr 3 km ab der Kapelle Sveti Ivan biegt rechts von der Straße an einem kleinen Häuschen aus Zementsteinen unser Wanderweg ab. Auf dem Häuschen steht »Sv. Ilija, G. Nakovana« geschrieben. Außerdem ist der Weg mit einem rot-weißen Kreissymbol – später auf dem Weg dominiert ein rotweißes Strichsymbol – deutlich gekennzeichnet. Hier stellen wir den Wagen ab und gehen los. Wer mit dem Taxi gekommen ist, kann sich hier wieder abholen lassen. Der Aufstieg zum Gipfel dauert drei, der Abstieg knapp drei Stunden.

Gornja Nakovana ···> Berghütte
Der Weg führt zunächst an der verlassenen Ortschaft **Gornja Nakovana** vorbei (unbedingt dem rotweißen Strichsymbol folgen) und steigt dann mehr und mehr an. Nun dominieren Steineichen und Erdbeerbäume sowie aromatische Kräuter das Landschaftsbild. Immer mehr schlängelt sich der gut ausgetretene Weg hinauf in die Berge. Hin und wieder lohnt sich ein Blick zurück in Richtung Küste und hinüber zur Insel Korčula. Ab und zu sieht man Spuren von Schakalen und Wildschweinen, die in diesem Bergland in großer Zahl leben.

Nach etwa einer Stunde ist eine kleine Berghütte erreicht. Vor ihr steht eine alte Steineiche. Weiter verläuft der Aufstieg größtenteils durch ein schattiges Waldgebiet. Bald erreichen wir die besagte Weggabelung, wo wir auf die beschriebene Aufstiegsroute von Orebić treffen. Wir folgen nun weiter bergan dem rotweißen Symbol durch die Wälder. Nach einer weiteren Stunde ist die massiv aus Steinen gemauerte Berghütte erreicht, die noch aus der österreichisch-ungarischen Zeit stammt. Die Schutzhütte ist normalerweise geöffnet. Innen gibt es einige doppelstöckige Betten und eine kleine Küche. Schon von hier genießen wir einen grandiosen Blick.

Karstfelsen ···> Gipfelkreuz
Nun folgt die letzte Etappe des Aufstiegs; sie dauert ca. 30 Min. Der Weg führt einstweilen durch Wald, dann aber über spitze Karstfelsen bis hinauf zum Gipfelkreuz. Der Rundblick von hier oben ist wirklich einzigartig. Zur Meerseite hin erkennt man Korčula und – an klaren Tagen – in der Ferne die Inseln Mljet und Lastovo. Zur Landseite hin schweift der Blick hinunter auf die kleine Ortschaft Duba, die Ostspitze der Insel Hvar, die Makarska Riviera und das Neretva-Delta. Vom Gipfelkreuz aus führt eine Art Ziegenpfad weiter ostwärts auf der Höhe zu einem Felsvorsprung, wo der Pfad endet. Von dieser Stelle aus kann man an klaren Tagen auf die Küstenortschaft Orebić und die gesamte Küstenlinie schauen. Sehr gut überblickt man von hier aus auch weite Teile des Felsengebirges unterhalb des Gipfels. Mit etwas Glück und einem guten Fernglas kann man auch Mufflons beobachten, die hier vor Jahrzehnten ausgesetzt wurden und sich inzwischen stattlich vermehrt haben.

Für den Rückweg sollte man sich Zeit nehmen. Der Weg führt steil abwärts und verlangt Trittsicherheit und stetige Konzentration. Wer den Abstieg nach Orebić wählt, muss auch den ein oder anderen Geröllhang queren. Gerade hier ist äußerste Umsicht geboten. Vor allem ist es sinnvoll, stets auf dem markierten Weg zu bleiben und keine Abkürzungen abseits der Wanderroute zu bevorzugen.

Wissenswertes über die Region

Eine kurze Rast im reizvollen Innenhof des Hektorović-Palastes (→ S. 64) in Stari Grad auf der Insel Hvar (→ S. 61). Der Palast war einst Landsitz des berühmten Schriftstellers Petar Hektorović, heute ist er ein Museum.

Von den Anreisemöglichkeiten über das Reisewetter und den Sprachführer bis zu den Zollmodalitäten: Alles Wissenswerte ist hier übersichtlich aufgeführt.

Jahreszahlen und Fakten im Überblick

2. Jahrtausend v. Chr.
Illyrische Stämme dringen in den Raum östlich der Adria vor. Einer dieser Stämme, die Delmaten oder Dalmaten, siedeln zwischen den Flüssen Krka und Neretva. Von diesem Stamm leitet sich der Name Dalmatien ab.

um 5. Jh. v. Chr.
Griechen gründen Handelsniederlassungen vor allem auf den süddalmatinischen Inseln Korčula, Vis und Hvar. Von hier aus Besiedelung des Festlandes.

2. Jh. v. Chr.
Die Römer besiegen die Illyrer und gliedern die Provinz Illyricum in das Römische Reich ein.

Ende 3. Jh./Anfang 4. Jh.
Unter dem Kaiser Diokletian entsteht in Split der Diokletian-Palast.

Mitte des 9. Jh.
Die kroatische Herrscherdynastie wird begründet. Im Jahr 924 wird Fürst Tomislav vom Papst als König von Kroatien anerkannt.

ab 1409
Dalmatien wird für 100 000 Dukaten vom ungarischen König Ladislaus an Venedig verkauft. Nur die Stadtrepublik Ragusa (Dubrovnik) kann sich durch geschicktes Lavieren der Macht Venedigs entziehen und für mehrere Jahrhunderte ihre Unabhängigkeit bewahren.

12.–14. Jh.
Wirtschaftliche und kulturelle Blüte Dalmatiens unter der venezianischen Herrschaft.

15./16. Jh.
Türken dringen immer wieder nach Dalmatien vor.

ab 1797
Der Machtperiode Venedigs wird durch die Habsburger ein Ende bereitet.

1805
Napoleon erobert Venedig. Für wenige Jahre übernimmt Frankreich die Macht in Dalmatien. Dubrovnik verliert seine Unabhängigkeit und wird unter den Franzosen an Dalmatien angegliedert.

1814/1815
Nach dem Wiener Kongress wird Dalmatien wieder der k. u. k. Monarchie zugesprochen und ab 1816 zu einem eigenen Teilkönigreich erhoben.

1918/1919
Nach dem Ende des Ersten Weltkrieges und dem Zusammenbruch Österreich-Ungarns wird das gesamte dalmatinische Territorium dem Königreich der Serben, Kroaten und Slowenen (SHS), dem späteren Königreich Jugoslawien, zugesprochen. Die dalmatinische Stadt Zadar sowie die Inseln Lastovo und Vis werden Italien zugeteilt. Die Insel Korčula wird von Herbst 1918 bis Frühjahr 1921 von den Italienern besetzt.

1939–1945
Das ehemalige Königreich Jugoslawien wird im Zweiten Weltkrieg zerschlagen und zwischen Deutschland, Italien und Ungarn aufgeteilt. Vom faschistischen Deutschland und Italien unterstützt, bildet sich ein eigener kroatischer Staat unter Führung von Ante Pavelić.

Auf dem Territorium des ehemaligen Königreiches Jugoslawien kommt es zu einem grausamen Bürgerkrieg zwischen den Volksgruppen. Partisanen organisieren den Widerstand gegen die italienischen, deutschen und

Geschichte

kroatischen Faschisten. Führer der Partisanen wird der Kroate Josip Broz, der sich im Untergrund Tito nennt.

1945/1946
Gründung der »Sozialistischen Föderativen Volksrepublik Jugoslawien« unter Führung von Tito und der Kommunistischen Partei. Kroatien wird eine der sechs Volksrepubliken.

1980
Nach dem Tod Titos verschärfen sich die Spannungen im Vielvölkerstaat Jugoslawien. Auch die Wirtschaftslage verschlechtert sich.

1991–1995
Kroatien erklärt 1991 seine staatliche Souveränität. Es kommt zum offenen Krieg zwischen Kroatien und der von den Serben beherrschten jugoslawischen Armee, die Teile Kroatiens besetzt.

Dubrovnik, Zadar, Sibenik und andere Küstenstädte werden von der jugoslawischen Armee beschossen. Kroatien erobert einen Großteil der von den Serben besetzten Gebiete zurück.

Unter dem Druck der UN und der USA unterzeichnen Serben, Kroaten und Bosnier Ende 1995 das Friedensabkommen von Dayton.

1996
Ein Erdbeben erschüttert im Herbst die Gegend zwischen der Halbinsel Pelješac und Dubrovnik. Erhebliche Zerstörungen in der Ortschaft Ston.

1999
Der Kosovo-Krieg stürzt insbesondere den Süden Dalmatiens erneut in eine touristische Krise. Sie führt zum Ausbleiben von wichtigen Deviseneinnahmen und bei kleinen wie großen touristischen Betrieben zu gravierenden Problemen bei der Rückzahlung von aufgenommenen Krediten.

Tod des kroatischen Staatspräsidenten Franjo Tudjman im Dezember.

2000
Die kroatische Opposition gewinnt die Parlamentswahlen. Die bisherige Regierungspartei HDZ (Kroatische Demokratische Gemeinschaft) verliert die Macht. Es kommt zu einer neuen Regierung unter der Führung des Sozialdemokraten Ivica Racan. Die neue Regierung verspricht eine umfassende Steuer- und Wirtschaftsreform, Maßnahmen gegen Vetternwirtschaft und Korruption sowie eine Politik, die Kroatien schrittweise an die Europäische Union und die Nato heranführen soll. Auch die demokratischen Grundrechte und die Pressefreiheit will die neue Regierung fördern und ausweiten.

Stipe Mesić von der Volkspartei HNS wird neuer Staatspräsident Kroatiens. Er setzt sich in aller Deutlichkeit von der Politik seines Vorgängers Franjo Tudjman ab, verspricht mehr Bürgernähe, mehr demokratische Freiheiten und die Abschaffung von unberechtigten Privilegien für Mitglieder des Staatsapparates. Zudem will sich der neue Präsident dafür einsetzen, das Verhältnis Kroatiens zur Europäischen Union, das in den letzten Jahren der Tudjman-Ära arg gestört war, zu verbessern.

2001
Unterzeichnung eines Stabilisierungs- und Assoziierungsabkommens mit der Europäischen Union.

2003
Ivo Sanader von der Partei HDZ wird neuer Chef einer Minderheitsregierung. Er verfolgt die Annäherung an EU und NATO, die Aussöhnung mit den Nachbarstaaten und will vor allem die wirtschaftliche Entwicklung des Landes vorantreiben.

2006
Die neue Autobahn von Zagreb bis Split wird eröffnet. Weitere Teilstücke des modernen kroatischen Autobahnnetzes befinden sich im Bau.

Nie wieder sprachlos

Zur Aussprache

- c wie »tz« in Katze
- č stimmloses »tsch« wie in Tschechien
- ć wie das »tch« in Pfötchen
- dž stimmhaft, wie »dsch« in Dschunke
- h wie das »ch« in Dach
- š stimmloses »sch« wie in Schotte
- v wie »w« in Watt
- z stimmhaftes »s« wie in Hose
- ž stimmhaftes »sch« wie »j« in Journal oder »g« in Hotelpage

Wichtige Wörter und Ausdrücke

ja	da [da]
nein	ne [nä]
bitte …	molim … [molim]
danke	hvala [chwala]
und	i [i]
Wie bitte?	Molim? [molim]
Ich verstehe nicht.	Ne razumijem. [ne rasumijem]
Entschuldigen Sie!	Oprostite! [oprostite]
Guten Tag!	Dobar dan! [dobar dan]
Guten Morgen!	Dobro jutro! [dobro jutro]
Guten Abend!	Dobra večer! [dobra wetscher]
Gute Nacht!	Laku noć! [laku notch]
Auf Wiedersehen!	Doviđenja! [dovidschenja]
Tschüss!	Bok! [bok]
heute	danas [danas]
gestern	jučer [jutscher]
morgen	sutra [sutra]
Wie geht es Ihnen?	Kako ste? [kako ste]
Gut	dobro [dobro]
Schlecht	loše [losche]
Es geht	tako-tako [tako-tako]
Sprechen Sie …	Govorite li … [govorite li]
Englisch	engleski [engleski]
Deutsch	njemački [njematschki]
Wie heißen Sie?	Kako se zovete? [kako se sowete]
Ich heiße …	Zovem se … [sowem se]
Ich komme aus …	Ja sam iz … [ja sam is]
Wer?	tko? [tko]
Was?	što? [schto]
Wo?	gdje? [gdjä]
Wie?	kako? [kako]
Welcher?	koji? [koji]
Welche?	koja? [koja]
Wann?	kada? [kada]
Warum?	zašto? [saschto]

Zahlen

eins, ein, eine	jedan, jedno, jedna [jedna, jedno, jedna]
zwei	dva [dva]
drei	tri [tri]
vier	četiri [tschetiri]
fünf	pet [pet]
sechs	šest [schest]
sieben	sedam [sedam]
acht	osam [osam]
neun	devet [dewet]
zehn	deset [deset]
hundert	sto [sto]
tausend	tisuću [tisutchu]

Wochentage

Montag	ponedjeljak [ponedjeljak]
Dienstag	utorak [utorak]
Mittwoch	srijeda [srjeda]
Donnerstag	četvrtak [tschetwrtak]
Freitag	petak [petak]
Samstag	subota [subota]
Sonntag	nedjelja [nedjelja]

Mit und ohne Auto unterwegs

Wo ist …?	Gdje je …? [gdjä je]
Wechselstube	mjenjačnica [mjenjatschniza]
Bank	banka [banka]

Sprachführer

Deutsch	Kroatisch
Fremdenverkehrsbüro	*Informacije za turiste [informazije za turiste]*
Wie viel kostet die Fahrkarte?	*Pošto je karta? [poschto je karta]*
Autovermietung	*ured za iznajmljivanje automobila [ured sa isnajmljivanje automobila]*
links	*lijevo [ljewo]*
rechts	*desno [desno]*
Tankstelle	*benzinska pumpa [bensinska pumpa]*
bleifrei	*bez olova [bes olowa]*
Super	*super [super]*
Normal	*benzin [bensin]*
Diesel	*dizel [disel]*
Bitte voll tanken.	*Napunite do kraja, molim. [napunite do kraja molim]*
Ich hatte einen Unfall.	*Imao sam nesreću. [imao sam nesretchu]*
Wo kann ich das Auto reparieren lassen?	*Gdje mogu popraviti auto? [gdjä mogu poprawiti auto]*

Hotel

Deutsch	Kroatisch
Hotel	*hotel [hotel]*
Zimmer	*soba [soba]*
Wo finde ich eine Pension/ein Hotel?	*Gdje ovdje ima pension/hotel? [gdjä owdje ima pension/hotel]*
Haben Sie noch ein Zimmer frei?	*Imate li slobodnih soba za večeras? [imatä li slobodnih soba sa wätschäras]*
Reservierung, reserviert	*rezervacija [räsärwazija]*
ausgebucht	*zauzeto [sauseto]*
Wir suchen ein Zimmer für eine Nacht.	*Tražimo sobu za jednu noć. [trazhimo sobu sa jednu notch]*
...mit Frühstück/Mittag-/Abendessen	*sa doručkom/ručkom/večerom [sa dorutschkom/rutschkom/wätschärom]*
Ich nehme es.	*Kupujem [kupujäm]*
Nehmen Sie Kreditkarten?	*Primate li kreditne kartice? [primatä li krädicim kartizä]*

Restaurant

Deutsch	Kroatisch
Kellner!	*Konobar! [konobar]*
Speisekarte	*jelovnik [jälownik]*
Frühstück	*doručak, zajutrak [dorutschak, sajutrak]*
Mittagessen	*ručak, objed [rutschak, objäd]*
Abendessen	*večera [wätschära]*
Ich nehme ..., bitte.	*Ja ću ... molim. [ja tchu ... molim]*
Die Rechnung, bitte.	*Molim donesite račun. [molim donäsitä ratschun]*

Einkaufen

Deutsch	Kroatisch
Wo kann man ... kaufen?	*Gdje se može kupiti ...? [gdjä sä mozhä kupiti ...]*
Ich möchte ... kaufen.	*Htio bih kupiti ... (m.). [chtio bich kupiti ...] Htjela bih kupiti ... (w.) [chtjäla bich kupiti ...]*
Haben Sie ...	*Imate li ...? [imatä li]*
Wie viel kostet das?	*Pošto je ovo? [poschto jä owo]*
Das ist mir zu teuer.	*To mi je skupo. [to mi jä skupo]*
Was ist das?	*Što je ovo? [schto jä owo]*
Geschäft	*dućan [dutchan]*
Markt	*tržnica [trzhniza]*
offen, geöffnet	*otvoreno [otworäno]*
geschlossen	*zatvoreno [satworäno]*
Postkarte	*razglednica [rasglädniza]*
Briefmarke/nach Deutschland/Österreich/in die Schweiz	*poštanske marke [poschtanskä markä] za Njemačku [sa njämatschku]/ Austriju [austriju]/ Švicarsku [schwizarsku]*

Die wichtigsten kulinarischen Begriffe

**Wichtige Redewendungen
im Restaurant** → S. 101

A
ajvar: pikante Würzbeilage für Fleischgerichte
arbun: Rotbrasse

B
bakalar: Stockfisch
bijeli luk: Knoblauch
bijeli sir: Frischkäse, Quark
biska: spezieller Schnaps
boca: Flasche
borgonja: lokaler Rotwein (trocken)
breskva: Pfirsich
burek: gefüllte Pasteten

C
čaj: Tee
čaša: Glas
čevapčići: gegrillte Hackfleischröllchen
cipal: Meeräsche

D
dagnje: Miesmuscheln
dinja: Honigmelone
divlač: Wild
doručak: Frühstück

F
fuži: Maultaschen

G
govedina: Rindfleisch
grožđe: Weintrauben

H
hladno: kalt
hobotnica na salatu: Tintenfischsalat
hrvatica: lokaler Roséwein (trocken)

J
jabučni sok: Apfelsaft
jabuka: Apfel
jagode: Erdbeeren
jaja: Eier
jajana oko: Spiegelei
janjetina: Lammfleisch
jesti: essen
juha: Suppe

K
kakao: Kakaogetränk
kava: Kaffee
kiselo: sauer
kobasice: Würstchen
kolač: Kuchen
komad: Stück
konoba: Weinkeller
konobar, molim: Herr Ober, bitte
kozji sir: Ziegenkäse
kruh: Brot
krumpir: Kartoffel
kruška: Birne

L
lignja: Tintenfisch
limun: Zitrone
limunada: Limonade
lozovaca: Traubentrester

M
malvazija: lokaler Weißwein (trocken)
maslac: Butter
masline: Oliven
med: Honig
meso: Fleisch
mineralna voda: Mineralwasser
minestra: Gemüseeintopf
mlijeko: Milch

N
na buzaru: gedünstet
na lešo: gekocht
naranča: Apfelsine
na žaru: vom Rost, vom Grill

O
odojak: Ferkel
omlet sa sirom: Omelett mit Käse
orada: Goldbrasse
orahovac: Walnusslikör
orahovica: Walnussschnaps

Essdolmetscher

ostrige: Austern
ovčji sir: Schafskäse

P
papar: Pfeffer
patka: Ente
pečeni krumpir: Bratkartoffeln
pelinkovac: Magenbitterlikör
perad: Geflügel
piće: Getränk
pikantno: pikant
pile: Hühnchen
piti: trinken
pivo: Bier
pošip: kroatischer Weißwein
povetica: Kuchen, eine Strudelart
povrće: Gemüse
prošek: Süßwein
pršut: Schinken
pljeskavica: gegrillte Bulette
pola kilograma: Pfund
prstači: Steinbohrermuschel
pura: Maisbrei, Polenta
purica: Truthahn

R
račići: Garnelen
rak: Krebs
ražnjići: gemischte Fleischspieße
resanci: Nudeln
riba: Fisch
ribarski brudet: Fisch-Brodetto
riblja juha: Fischsuppe
riža: Reis
ručak: Mittagessen

S
salata: Salat
sardine u ulju: Ölsardinen
sendvič: Sandwich
sir: Käse
skrpin: Drachenkopf
skuša: Makrele
sladoled: Eis
slano: salzig
slatko: süß
sljivovica: Pflaumenschnaps
smokva: Feige
sok: Saft
sol: Salz
stol: Tisch
suho: trocken (Wein)

šunka: Schinken
svinjetina: Schweinefleisch

T
teletina: Kalbfleisch
teran: lokaler Rotwein (trocken)
tijesto: Nudelteig
travarica: Kräuterlikör
tuna: Tunfisch

V
večera: Abendessen
vinjak: Weinbrand
vino: Wein
voćni sok: Fruchtsaft
voće: Obst
voda: Wasser
vruće: heiß

Z
zelena salata: Kopfsalat
živjeli: Zum Wohl!
zubatac: Zahnbrasse

Frisch aus dem Meer direkt auf den Grill: schmackhafte Tintenfische.

Nützliche Adressen und Reiseservice

> **AUF EINEN BLICK**
> **Einwohnerzahl:** rund 4,4 Millionen
> **Fläche:** 56 542 qkm Land und 31 067 qkm Meer
> **Religion:** 88 % der Bevölkerung römisch-katholisch, der Rest sind Muslime oder Orthodoxe
> **Sprache:** Kroatisch in lateinischer Schrift
> **Verwaltungseinheiten:** drei Regionen im Küstenbereich: Istrien, Kvarner, Dalmatien. Dalmatien ist in die Verwaltungseinheiten (Županije) Zadar, Šibenik-Knin, Split-Dalmatien und Dubrovnik-Neretva gegliedert

ANREISE UND ANKUNFT

Mit dem Auto
Durch Österreich und Slowenien geht es bis zur kroatischen Küstenstadt Rijeka; weiter auf der Magistrale südwärts über Senj, Karlobag, Starigrad bis Zadar. Von Starigrad-Paklenica bis zur Bucht von Kotor an der montenegrinischen Grenze erstreckt sich Dalmatien. Parallel zur Küste verläuft inzwischen eine mautpflichtige Autobahn. Einige Teilstücke sind noch im Bau. Fertig gestellt ist die Autobahn bislang von Žuta Lokva in der Region Kvarner bis nach Dugopolje im Hinterland der dalmatinischen Makarska Riviera. In naher Zukunft soll sie sich bis Dubrovnik erstrecken. Die ADAC-Dienststellen (zum Beispiel Am Westpark 8, 81373 München; Tel. 0 89/7 67 60) oder andere Automobilverbände bieten detaillierte Routenkarten und Tipps für die Reise bis nach Dalmatien an. Der Erwerb eines Auslandsschutzbriefes ist ratsam.

Mit dem Zug
Tägliche Verbindung per Euro-City ab München nach Rijeka. Von dort weiter per Fähre oder Leihwagen nach Dalmatien. Es gibt auch eine Zugverbindung von München nach Zagreb, dann weiter auf der Autobahn über Karlovac und Zadar bis Split. In der Sommersaison verkehrt auch ein Autoreisezug zwischen Zagreb und Split.

Mit dem Bus
Langwierig und nicht gerade komfortabel; tägliche Verbindungen nach Dalmatien. Die Fahrt Köln–Split dauert mindestens 24 Stunden. Manche Flugtickets nach Split sind preiswerter als die Busfahrt.

Auskunft
Deutsche Touring GmbH
Am Römerhof 17, 60468 Frankfurt;
Tel. 0 69/7 90 32 42, Fax 70 60 59 oder
Breslauer Platz (Hauptbahnhof),
50668 Köln; Tel. 02 21/1 30 02 91 und
1 30 05 59, Fax 12 07 17 89

Mit der Fähre
Von Italien aus existieren folgende Schiffsverbindungen nach Dalmatien: Ancona–Zadar; Ancona–Dugi Otok–Zadar; Ancona–Split; Ancona–Vis-Stari Grad (Insel Hvar)–Vela Luka (Insel Korčula); Bari–Dubrovnik; Venedig–Pula–Mali Lošinj–Zadar. Infos: www.jadrolinija.hr

Mit dem Flugzeug
Die bedeutendsten Flughäfen in Dalmatien sind Split und Dubrovnik. Zadar wird ab der kroatischen Hauptstadt Zagreb angeflogen. Verbindungen zum kleinen Flughafen auf der Insel Brac ebenfalls ab Zagreb; in der Saison Charterflüge ab Augsburg nach Brac und Zadar.
Günstige Flüge nach Split bzw. Dubrovnik bieten derzeit die Gesellschaften Hapag-Lloyd Express (www.hlx.com), Germanwings (www.germanwings.com) und LTU (www.ltu.de) an. In der Saison werden von den großen Touristikkonzernen (TUI, Neckermann, IST etc.) auch Charter-

Auf einen Blick – Buchtipps

flüge nach Dalmatien und Pauschalarrangements angeboten. Ganzjährige regelmäßige Flugverbindungen nach Split und Dubrovnik unterhält die kroatische Gesellschaft Croatia Airlines (www.croatiaairlines.hr und www.croatiaairlines.com). Info Tel. 0 69/9 20 05 20, Fax 92 00 52 51.

Auskunft
Reiseservice Zlataric
Tel. 08 21/70 50 50, Fax 74 11 44;
www.reiseservice-zlataric.de
Tägliche Flüge ab deutschen Flughäfen nach Zagreb und Dalmatien mit Croatia Airlines.

Individual- oder Pauschalreisen nach Dalmatien bieten an: Bemex Reisen; Tel. 0 89/2 31 19 70, Fax 2 60 92 84; www.bemex.de. J. D. Riva Tours; Tel. 0 89/2 31 10 00, Fax 23 11 00 22.

Flughäfen
Brač
Tel. 0 21/52 41 70
Dubrovnik
Tel. 0 20/77 33 77;
www.airport-dubrovnik.hr
Split
Tel. 021/20 35 55
Croatia Airlines
Tel. 0 21/20 33 05, 89 52 98, 36 29 97 und 36 20 55; www.split-airport.hr
Zadar
Tel. 0 23/31 33 11;
www.zadar-airport.hr
Zagreb
Tel. 01/4 56 22 22
Croatia Airlines
Tel. 01/4 56 21 82, 4 81 96 33 und 4 81 96 32; www.zagreb-airport.hr

Auskunft
In Deutschland
Kroatische Zentrale für Tourismus
– Kaiserstr. 23, 60311 Frankfurt;
 Tel. 0 69/2 38 53 50, Fax 23 85 35 20;
 E-Mail: kroatien-info@gmx.de
– Rumfordstr. 7, 80469 München;
 Tel. 0 89/22 33 44, Fax 22 33 77;
 E-Mail: kroatien-tourismus@t-online.de

In Österreich
Kroatische Zentrale für Tourismus
Am Hof 13, 1010 Wien;
Tel. 01/5 85 38 84, Fax 5 85 38 84 20;
E-Mail: office@kroatien.at

Bevölkerung
In Kroatien leben nach der letzten Zählung im Jahre 1998 insgesamt 4,4 Mio. Menschen, davon allein fast 800 000 in der Hauptstadt Zagreb. Die Küstenregion Kroatiens gliedert sich – von Nord nach Süd gesehen – in die drei Regionen Istrien, Kvarner Bucht und Dalmatien. Mit Abstand größte Stadt Dalmatiens ist Split mit rund 200 000 Einwohnern. Weitere bedeutende Städte sind Zadar, Šibenik und Dubrovnik. Die meisten Menschen leben in der rund 12 000 qkm großen Region Dalmatien in kleineren Ortschaften oder ländlich geprägten Dörfern nahe der Küste oder auf den Inseln. Rund 2000 qkm der Fläche Dalmatiens entfallen auf die Inseln. Die Mehrheit der dalmatinischen wie kroatischen Bevölkerung bekennt sich zum römisch-katholischen Glauben.

Buchtipps
Beim Wieser-Verlag in Klagenfurt ist in der Reihe »Europa erlesen« der Titel »**Dalmatien**« (ISBN 3-851-29225-1) erschienen. Darin finden sich fast 60 Geschichten, Erzählungen und Reportagen über die Region Dalmatien. Sie stammen von namhaften Autoren wie etwa Heinrich Mann, Erich Fried, Hermann Bahr, Miroslav Krleža, Ernst Jünger, Ivo Andrić oder Humbert Fink. Die Geschichten beschreiben die Menschen und landschaftlichen Besonderheiten Dalmatiens.

Schon etwas älter, aber immer noch interessant und vergnüglich zu lesen ist der Titel »**Adriatische Ufer**« (ISBN 3-442-06902-5) von Humbert Fink, erschienen im Wilhelm Goldmann Verlag. Darin schildert der Autor Orte, historische Ereignisse und menschliche Begebenheiten im Bereich der Adriaküste.

Kroatiens südliche Küste und Inseln von A – Z

DIPLOMATISCHE VERTRETUNGEN

In Deutschland
Botschaft der Republik Kroatien
Ahornstr. 4, 10787 Berlin;
Tel. 0 30/21 91 55 14, 23 62 89 65;
www.kroatische-botschaft.de

In Kroatien
Deutsche Botschaft
Ulica Grada Vukovara 64, 10001 Zagreb;
Tel. 01/6 15 81 00, Fax 6 15 81 03;
www.deutschebotschaft-zagreb.hr

Deutsches Honorarkonsulat
---> Umschlagkarte hinten, a 2
Obala hrvatskog narodnog preporada 10,
21000 Split; Tel. 0 21/36 29 95,
Fax 36 21 15

In Österreich
Botschaft der Republik Kroatien
Heuberggasse 10, 1170 Wien;
Tel. 01/4 80 20 83, Fax 4 80 29 42

In der Schweiz
Botschaft der Republik Kroatien
Gurtenweg 39, 3074 Muri-Bern;
Tel. 0 31/9 52 66 59, Fax 9 52 66 93

FEIERTAGE

1. Januar	Neujahr
6. Januar	Heilige Dreikönige
Ostermontag	
1. Mai	Tag der Arbeit
30. Mai	Nationalfeiertag
22. Juni	Antifaschistischer Widerstand
5. August	Staatsfeiertag
15. August	Mariä Himmelfahrt
8. Oktober	Unabhängigkeitstag (Dan Neovisnosti)
1. November	Allerheiligen
25./26. Dezember	Weihnachten

FERNSEHEN

In den großen modernen Hotels auf dem Festland und auf den Inseln können via Satellit auch deutsche, italienische und andere ausländische Programme empfangen werden.

FKK

FKK hat an der Adriaküste und auf den Inseln eine lange Tradition, die bis in die Dreißigerjahre des 20. Jh. zurückreicht.

Wechselkurse

Kuna	Euro	Franken
1	0,15	0,22
5	0,70	1,09
10	1,40	2,20
20	2,70	4,40
30	4,10	6,60
50	6,80	11,00
100	13,60	22,00
250	33,00	55,00
500	68,00	109,00
750	102,00	164,00
1 000	136,00	219,00
1 500	204,00	328,00
10 000	1 358,00	2 189,00

Stand: Januar 2007

Nebenkosten

1 Tasse Kaffee	0,90
1 Bier (Flasche)	1,70
1 Cola	1,50
1 Brot (Weißbrot)	0,60
1 Schachtel Zigaretten	2,00
1 Liter Benzin	1,04
Fahrt mit öffentl. Verkehrsmitteln (Einzelfahrt)	1,50

Nach wie vor gibt es in Dalmatien einige FKK-Campingplätze sowie besondere für FKK-Freunde ausgewiesene Strandpartien. Auch in entlegenen einsamen Buchten ist oft FKK üblich.

Fotografieren
Das Fotografieren von militärischen Anlagen ist untersagt; das gilt auch für Schiffe der kroatischen Marine in den dalmatinischen Häfen.

Filme und Fotozubehör werden zwar während der Saison in den großen touristischen Zentren angeboten, aber die Frische und Qualität der Filme lässt sich nicht immer überprüfen. Außerdem sind solche Artikel gewöhnlich recht teuer.

Geld
Seit 31. Mai 1994 heißt die kroatische Währung Kuna (HRK) bzw. (KN) – Kuna bedeutet im Deutschen Marder. 1 Kuna ist in 100 Lipa unterteilt. Im Umlauf sind Münzen zu 1, 2, 5, 10, 20, und 50 Lipa, außerdem 1, 2 und 5 Kuna. Banknoten gibt es im Wert von 5, 10, 20, 50, 100, 200, 500 und 1000 Kuna.

Ausländische Touristen können kroatische Kuna nur in Kroatien tauschen. Möglichkeiten zum Geldwechsel gibt es in Banken, geöffnet in der Regel Mo–Fr von 7–19 und Sa 7–13 Uhr, in Wechselstuben, auf Postämtern, in vielen Reisebüros, in Hotels und auf Campingplätzen. Die Kurse und Bearbeitungsgebühren sind nicht überall gleich; es lohnt sich unbedingt, die Konditionen zu vergleichen. Beachten Sie auch: Der Rücktausch von Kuna – beispielsweise am Ende eines Dalmatien-Urlaubs – ist nur in Kroatien möglich.

Reise- und Euroschecks werden von den Banken, teilweise auch von Hotels gegen Vorlage des Personalausweises angenommen. Die üblichen Kreditkarten wie American Express, Eurocard/Mastercard, Diners Club oder Visa werden von nahezu allen Hotels, Autovermietern und Restaurants im gehobenen Bereich akzeptiert. Sehr verbreitet sind vor allen Dingen Visa und American Express.

Geldautomaten (Bankomat), an denen man mit Kreditkarten kroatische Währung ziehen kann, gibt es in nahezu allen Ortschaften in den touristisch relevanten Gebieten.

Internet
www.kroatien.hr Offizielle Infos der Kroatischen Zentrale für Tourismus
www.mint.hr Offizielle Infos des Tourismusministeriums
www.wetter.net/n116.html Infos über das Wetter in Kroatien
www.skippertipps.de Tipps für Wassersportler in Kroatien
www.camping.hr Kroatischer Campingverband
www.hznet.hr Infoseite der Kroatischen Eisenbahn
www.dalmacija.net Touristische Infos über die Region Mittel-Dalmatien
www.reisewelt-kroatien.de Umfassende Infos über touristischen Service in Kroatien
www.dalmatia.hr Offizielle Infos der Tourismusbehörde Split und Umgebung
www.Kroatientourist.de Touristische Infos über Kroatien

Kleidung
Fällt der Urlaub in die Sommersaison von Mai bis September, lohnt es sich, Taucherbrille, Schnorchel und Flossen mitzunehmen. Die küstennahe Unterwasserwelt der Adria kann nur erleben, wer zumindest eine Taucherbrille zur Verfügung hat. Wegen der vielen Kies- und Felsenstrände Dalmatiens empfehlen sich solide Badeschuhe. Auch ist in den Sommermonaten ein Sonnenhut und Sonnenschutz notwendig. Für Schiffsausflüge benötigt man Kleidung, die besonders auch gegen starken Wind schützt. Für Ausflüge in die Berge – etwa zum Sveti Jure oder zum Sveti Ilija – sind Wanderschuhe und wärmende Kleidung erforderlich.

Medizinische Versorgung

Zwischen Deutschland und Kroatien besteht ein Gesundheitsabkommen. Vor der Fahrt nach Kroatien besorgen Sie sich den Auslandskrankenschein Ihrer Versicherung. Er wird im Krankheitsfall in Kroatien vorgelegt und berechtigt normalerweise zu einer kostenlosen ärztlichen Behandlung. In den Fällen, in denen der Auslandskrankenschein nicht akzeptiert, sondern Bargeld verlangt wird, lassen Sie sich die gezahlten Barbeträge und die entsprechenden medizinischen Leistungen unbedingt schriftlich bestätigen. Nur so werden die Auslagen von der heimischen Krankenkasse akzeptiert. Wer in Sachen medizinische Versorgung kein Risiko eingehen möchte, sollte eine zusätzliche Reisekrankenversicherung abschließen, die möglichst auch den Krankenrücktransport einschließt.

In den touristischen Zentren gibt es genügend Ärzte oder Apotheker, die Englisch oder Deutsch sprechen. Apotheken (im Kroatischen »Apoteka« oder »Ljekarna«) sind in den Städten normalerweise werktags vormittags bis 13 und dann wieder von 15 bis 19 Uhr geöffnet.

Notruf
Polizei, Tel. 92
Feuerwehr, Tel. 93 und 9 85
Unfallrettung Notarzt, Tel. 94
Pannenhilfe, Tel. 9 87
Kroatische Engel (Touristische Infos jeder Art, auch in Deutsch. Nur vom 25. März bis 15. Oktober.), Tel. 0 62/99 99 99
ADAC-Notruf in Zagreb (deutschsprachig), Tel. 01/52 81 16

Politik
Mit dem Tod des Staatspräsidenten und HDZ-Gründers Franjo Tudjman im Dezember 1999 endete eine Epoche autoritären Regierungsstils mit nationalistischem Charakter und eingeschränkten demokratischen Rechten. Seit Februar 2000 bis zum heutigen Tag ist Stipe Mesić von der Volkspartei HNS Staatspräsident. Er repräsentiert einen vollkommen anderen Politikstil: volksnah, tolerant, kommunikativ und modern. Mesić setzt sich dafür ein, das Land Schritt für Schritt an eine Vollmitgliedschaft in der EU heranzuführen. Seine politischen Inhalte sind eher sozialdemokratisch.

Der derzeitige Regierungschef Ivo Sanader (seit 2003) ist zwar auch Mitglied der ehemaligen nationalistischen Tudjman-Partei HDZ, vertritt aber einen gemäßigten Kurs, der vor allem auf die wirtschaftliche Entwicklung des Landes, die Aussöhnung mit den Nachbarstaaten auf dem Balkan und auf eine perspektivische Mitgliedschaft in der EU und der NATO ausgerichtet ist. Sanader führt eine Minderheitsregierung an, der neben der HDZ noch diverse kleinere Parteien angehören. Die Regierung hat das Land für ausländische Investitionen geöffnet und bereits eine beträchtliche Modernisierung der Verkehrs-Infrastruktur auf den Weg gebracht.

Post
Die Ämter der kroatischen Post- und Telekommunikationsgesellschaft HPT sind in der Regel Mo bis Fr von 7 bis 19 und Sa von 7 bis 13 Uhr geöffnet. In der Sommersaison sind einige Postämter in den Touristenorten bis 22 Uhr geöffnet. Die Postämter bieten auch Telefonkarten für Gespräche aus Telefonzellen an.

Reisedokumente
Bürger der Europäischen Union benötigen für die Einreise nach Kroatien einen gültigen Personalausweis oder Reisepass. Mitreisende Kinder müssen im Pass der Eltern eingetragen sein oder über einen eigenen Kinderausweis mit Lichtbild verfügen. Der Aufenthalt darf 90 Tage nicht überschreiten. Bei der Einreise mit dem eigenen Auto oder Motorrad sind der Führerschein und der Kfz-Schein vorzulegen.

Reiseknigge

Nationalbewusstsein: Halten Sie sich bei politischen Debatten über die jüngste Vergangenheit und den Zerfall des ehemaligen Jugoslawien zurück. Das Thema wird nach wie vor kontrovers debattiert und reißt immer wieder alte Wunden auf. Als Ausländer zeigt man hier besser Zurückhaltung und hütet sich vor Schuldzuweisungen und politischen Verurteilungen.

Preise: Sie sind manchmal in Hotels oder Restaurants ohne die am Ende fälligen Steuern angegeben. Fragen Sie nach dem definitiven Endpreis, ehe Sie ein Hotelzimmer oder ein Gericht in einem Restaurant wählen.

Batterien im Koffer: Bei der Ausreise an den kroatischen Flughäfen dürfen sich im aufgegebenen Gepäck keine Objekte (Mini-Radio, Fotoausrüstung, Rasierapparate, Reisewecker etc.) befinden, die eine oder mehrere Batterien enthalten. Die entsprechenden Gegenstände sollten im Handgepäck mitgenommen werden.

Hochsaison: In der Hochsaison im Juli und August sind die öffentlichen Busse, Züge, vor allem aber die Auto- und Personenfähren nicht selten vollkommen ausgebucht. Sichern Sie sich möglichst rechtzeitig Ihr Ticket und rechnen Sie genügend Zeit für den Transport ein. Verspätungen sind in der sommerlichen Hochsaison allerorts üblich.

Flughafenbus: Taxifahrten von den Flughäfen Split und Dubrovnik in die Innenstadt sind teuer. Weit günstiger ist die Fahrt mit dem jeweiligen Flughafenbus von Croatia Airlines. Seine Abfahrtszeiten sind auf die Flüge von Croatia Airlines abgestimmt. Nur wenn man es sehr eilig hat, macht die teure Taxifahrt Sinn.

Reisewetter

Günstigste Zeit für eine Reise nach Dalmatien sind die Monate Mai/Juni sowie September und die erste Oktoberhälfte. Die Temperaturen sind dann noch nicht bzw. nicht mehr so hochsommerlich wie im Juli und August, der absoluten Hochsaison.

Auch der Spätherbst und der Monat April können den Urlauber an der dalmatinischen Adria in manchen Jahren mit einem milden, angenehmen Wetter verwöhnen. Gesichert ist das aber nicht. Viele Hotels, Privatpensionen, Restaurants und andere touristische Dienstleister schließen ihre Lokalitäten zwischen Ende Oktober und Ostern.

Info über das Wetter in Kroatien: www.wetter.net/n116.html

Rundfunk

Das erste Programm des kroatischen Rundfunks sendet Nachrichten in englischer Sprache um 8.03 (sonntags um 9.03), 10.03, 14.03, 20.03 und 24.03 Uhr.

Das umfassende Informations- und Unterhaltungsprogramm der Deutschen Welle ist auch in Kroatien zu empfangen. Information über Frequenzen und Sendezeiten: www.dw-world.de

Sprache

Amtssprache ist Kroatisch, geschrieben in lateinischer Schrift. In den meisten Zentren des Fremdenverkehrs wird meist auch Deutsch, Italienisch und Englisch gesprochen. Für Bundesbürger ergeben sich in der Regel keine Verständigungsprobleme. Sprachführer → S. 100

Stromspannung

Generell 220 Volt. Adapter werden nicht benötigt.

Telefon

Telefongespräche aus Hotelzimmern sind zwar bequem, aber ziemlich teuer, vor allem bei Auslandsgesprächen. Deutlich billiger telefoniert man aus Telefonzellen. Dafür benötigt man eine Telefonkarte »telefonske kartice«, die man auf allen Postämtern erwerben kann.

Auslandsgespräche sind generell recht teuer, Inlandsgespräche dagegen verhältnismäßig preiswert. Deutsche D1- und D2-Telefone können benutzt werden.
Vorwahlnummern von Kroatien nach
→ D 00 49
→ CH 00 41
→ A 00 43
Danach wählt man die jeweilige Ortskennzahl ohne die Null am Anfang.
Internationale Ländervorwahl für Kroatien: 0 03 85
Vorwahlnummern der Regierungsbezirke (Županije) in Dalmatien:
Zadar/Knin Tel. 0 23
Šibenik Tel. 022
Split Tel. 0 21
Dubrovnik und Neretva-Tal Tel. 0 20
Bei Telefongesprächen aus Deutschland nach Kroatien wählt man zunächst die Ländervorwahl 0 03 85, danach die Vorwahl des jeweiligen Regierungsbezirkes ohne die Null, danach die eigentliche Rufnummer.

Tiere
Offiziell müssen sie bei der Einreise mit einem Mikrochip oder einer klar lesbaren tätowierten Nummer, die in ein internationales, von Kroatien akzeptiertes Zertifikat eingetragen ist, ausgestattet sein. Tollwutimpfung ist vorgeschrieben und darf nicht länger als ein Jahr zurückliegen. Gefährliche Hunderassen dürfen nicht einreisen.

Trinkgeld
Bei besonders guten Dienstleistungen des Reiseführers oder Taxifahrers, im Hotel oder Restaurant ist ein Trinkgeld von 5 bis 10 % der Rechnung angebracht.

Umsatzsteuer
Ausländer, die in Kroatien gekaufte Waren (außer Zigaretten und alkoholische Getränke) im Wert von mehr als 500 Kuna bei der Ausreise deklarieren (Formblatt Tax cheque) und eine Quittung vorweisen können, bekommen 10 % Umsatzsteuer erstattet.

Verkehrsverbindungen
Auto
Es genügt die gültige Zulassung des Autos und ein gültiger Führerschein; die grüne Versicherungskarte sollte mitgeführt werden. Wer nicht mit dem eigenen Wagen einreist, benötigt eine Vollmacht des Fahrzeughalters. Innerhalb von geschlossenen Ortschaften ist 50 km/h vorgeschrieben; auf Landstraßen 90 km/h; auf Schnellstraßen 110 km/h; auf Autobahnen (gebührenpflichtig) 130 km/h. Die Promillegrenze liegt bei 0,0.

Die Versorgung mit Tankstellen, die auch bleifreies Benzin anbieten, ist an der Küstenmagistrale ausreichend. Bei den Inseln sollte man sich vorher erkundigen. Das Tragen einer Warnweste bei Unfällen und Pannen ist Vorschrift.

Besondere Vorsicht ist auf der Küstenmagistrale geboten. Hier wird oft mit überhöhter Geschwindigkeit gefahren und in riskanten Manövern überholt; zudem sind viele Kurven nicht gut einsehbar. Kommt es zu einem Unfall: Unbedingt Polizei holen und ein Protokoll anfertigen lassen, das den Schaden amtlich bestätigt.

Der Notruf der Polizei ist Tel. 92, Unfallrettung Tel. 94. Pannenhilfe des kroatischen Pannenhilfsdienstes HAK Tel. 9 87. ADAC-Notruf in Zagreb Tel. 01/6 52 66 68.

Bus
Das Busnetz längs der Küste ist dicht, das auf den Inseln weniger dicht ausgebaut. Die Preise sind niedrig. Sonntags verkehren weniger Busse.

Fahrräder
Verleihstationen in den touristischen Zentren, zum Beispiel Korčula-Stadt, Supetar und Bol auf Brač. Eine kombinierte Schiffs- und Radrundreise längs der kroatischen Küste bietet:
Wikinger Reisen
Kölner Str. 20, 58135 Hagen;
Tel. 01 80/2 32 52 42 bzw.
0 23 31/90 47 42

Leihwagen

Hinreichend großes Angebot in allen touristischen Orten sowie an den Flughäfen. Man findet dort auch Motorroller, Mofas oder offene Wagen zur Vermietung. Mögliche Engpässe im Juli und August.

Schiff

Fast alle Fährverbindungen in der kroatischen Adria sowie nach Italien und Griechenland unterhält die staatliche Gesellschaft Jadrolinija. Die Preise für die Fähren zu den Inseln sind günstig. Größter Verkehrsknotenpunkt in Dalmatien ist Split, außerdem Dubrovnik, Zadar, Šibenik. Das Serviceniveau ist sehr unterschiedlich, die Toiletten oft ungepflegt. Im Juli und August sind viele Fähren schnell ausgebucht.
www.jadrolinja.hr
Jadrolinija-Agenturen
Split, Tel. 0 21/35 53 99
Korčula, Tel. 0 20/71 54 10
Dubrovnik, Tel. 0 20/41 80 00

Die wichtigsten Fährverbindungen und die ungefähre Fahrdauer
Split–Supetar 20 Min.
Split–Stari Grad 45–60 Min.
Split–Hvar-Stadt 2 Stunden
Split–Vis 2 Stunden
Split–Lastovo 4,5 Stunden
Dubrovnik–Mljet 2,5 Stunden
Dubrovnik–Korčula 3 Stunden

Deutsche Veranstalter wie etwa TUI, ITS oder Neckermann bieten auch so genannte Piratenkreuzfahrten an der dalmatinischen Küste an.

Rundreise mit dem Schiff durch die dalmatinische Inselwelt

Jadrolinija unterhält zwischen Mai und September eine Küstenlinie zwischen Rijeka und Dubrovnik mit Zwischenstopps u. a. in Zadar, Split, Stari Grad, Korčula. Die Fahrt gibt herrliche Blicke frei auf die Inseln und Küstenabschnitte. Wer mit dem Auto anreist, kann in Rijeka einen gesicherten Parkplatz vorbestellen. Während der Hochsaison im Juli und August sind die Schiffe oft ausgebucht. Reservierung: DERTRAFFIC, Emil-von-Behring-Str. 6, 60424 Frankfurt; Tel. 0 69/95 88 58 00, Fax 95 88 58 22 oder direkt bei Jadrolinija in Rijeka; Tel. 00 3 85/51/66 61 11, Fax 21 31 16. Aktuelle Angebote: www.jadrolinja.hr

Entfernungen (in km) zwischen wichtigen Orten

	Dubrovnik	Makarska	Šibenik	Sinj	Split	Ston	Zadar
Dubrovnik	–	167	305	260	228	61	380
Makarska	167	–	138	80	61	106	213
Šibenik	305	138	–	109	77	244	75
Sinj	260	80	109	–	32	199	171
Split	228	61	77	32	–	167	152
Ston	61	106	244	199	167	–	319
Zadar	380	213	75	171	152	319	–

Taxi

Es gelten feste Tarife. Bei längeren oder Tagesfahrten kann der Preis ausgehandelt werden. Das Preisniveau entspricht etwa dem deutschen.

Zug

Niedrige Preise, geringer Komfort und zeitintensiv: Als Reisemittel ist der Zug in Dalmatien unbedeutend. Info: www.hz.net.hr

WIRTSCHAFT

Die hohe Mehrwertsteuer und die nach Meinung von Experten rund 30 % überbewertete nationale Währung Kuna sorgen für ein hohes, auf westeuropäischem Niveau liegendes Preisniveau bei geringen Einkommen.

Eines der Kernprobleme der Wirtschaft ist die hohe Verschuldung vieler genossenschaftlicher, staatlicher oder privater Betriebe. Wegen gravierender Liquiditätsprobleme sind zahlreiche Unternehmen nicht in der Lage, dringend erforderliche Investitionen vorzunehmen.

Weite Teile der Wirtschaft werden praktisch von den großen Banken beherrscht. Kredite sind teuer, auch die hohe Steuerlast macht es nicht wenigen Kleinbetrieben schwer, rentabel zu wirtschaften. Dazu kommen die weithin ungelösten Probleme der Privatisierung. Viele Großhotels, die ehemals staatlich oder genossenschaftlich waren, suchen deshalb private Investoren oder Käufer.

Verschärft werden die wirtschaftlichen Strukturprobleme durch die hohe Arbeitslosigkeit; unter den Jugendlichen ist sie besonders hoch.

ZEITUNGEN

Deutschsprachige Zeitungen und Zeitschriften bekommt man während der Saison in den Touristenorten. Viele der großen Hotels bieten Erzeugnisse der Auslandspresse an. Auch an den Flughäfen sind ausländische Zeitungen und Zeitschriften zu haben.

ZEITVERSCHIEBUNG

Mitteleuropäische Zeit (MEZ) wie beispielsweise in Deutschland und Umstellung auf Sommerzeit.

ZOLL

Reiseartikel des persönlichen Bedarfs können problemlos eingeführt werden. Professionelle oder außergewöhnliche Ausrüstung wie Jagdwaffen, elektronische Geräte, Filmkameras oder besondere Sportausrüstungen müssen bei der Einreise deklariert werden. Die Zollvorschriften entsprechen praktisch den Standards der EU. Weitere Auskünfte unter www.zoll.de, www.bmf.gv.at/zoll und www.zoll.ch.

Geduld braucht, wer mit dem Bus in Kroatien unterwegs ist.

Kartenatlas

Orientierung leicht gemacht: mit Planquadraten und allen Orten und Sehenswürdigkeiten.

Legende

Routen und Touren
- Gipfeltour zum Sveti Jure (S. 86)
- Landeinwärts nach Sinj (S. 88)
- Zu den Krka-Wasserfällen (S. 90)
- Über die Insel Korčula (S. 92)
- Wanderungen auf den Sveti Ilija (S. 94)

Sehenswürdigkeiten
- MERIAN-TopTen
- MERIAN-Tipp
- Sehenswürdigkeit, öffentl. Gebäude
- Sehenswürdigkeit Natur
- Kirche; Kloster
- Kirchenruine; Klosterruine
- Museum

Sehenswürdigkeiten ff.
- Denkmal
- Leuchtturm
- Archäologische Stätte
- Höhle

Verkehr
- Autobahn
- Autobahnähnliche Straße
- Fernverkehrsstraße
- Hauptstraße
- Nebenstraße
- Unbefestigte Straße, Weg
- Parkmöglichkeit
- Busbahnhof
- Bushaltestelle

Verkehr ff.
- Schiffsanleger
- Flughafen
- Flugplatz

Sonstiges
- Information
- Theater
- Markt
- Zoo
- Camping
- Strand
- Aussichtspunkt
- Friedhof
- Naturparkgrenze

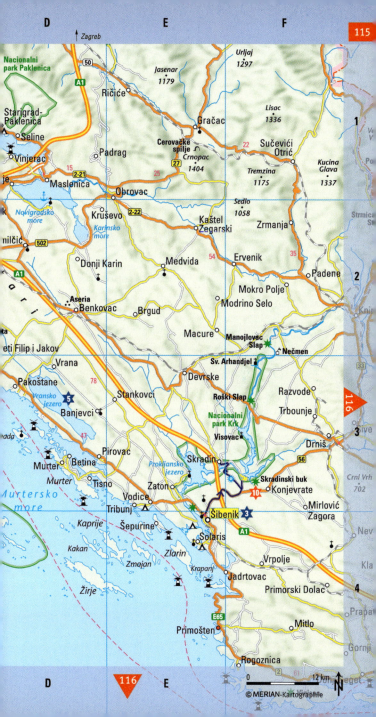

Kartenregister

A
Aržano 115, F7
Aseria ★ 113, D2

B
Baba Planina ▲ 119, F13
Babino Polje 118, C15
Bacinska jezera ~ 118, B13
Banjevci 113, D3
Barič Draga 112, C1
Bat ▲ 115, D5
Benkovac 113, D2
Berkovići 119, E13
Betina 113, D3
Biševo 116, A11
Bibica 117, F11
Bibinje 112, C2
Bileća 119, F14
Bilecko jezero ~ 119, F14
Biograd 113, D3
Biokovo ▲ 115, F8
Bjelašnica ▲ 119, E14
Blaca 115, D7
Blato 115, E8
Blato 117, D12
Blato 118, B15
Bogomolje 117, E11
Bokanjačko blato ~ 112, C2
Bol 115, E8
Brač Δ 115, D8
Bracki kanal ~ 115, E8
Brbinj 112, B2
Bregava ~ 119, D13
Brela 115, F8
Brgud 113, D3
Brusje 116, C10
Buško jezero ~ 115, F7
Bukova Gora 115, F7

C
Capljina 118, C13
Catrnja ▲ 115, E5
Cavtat 119, E15
Cerovačke spilje ★ 113, E1
Cetina 115, D5
Cista Provo 115, F7
Cista Velika 115, F7
Crivac 115, D6
Crni Lug 115, D5
Crni Vrh ▲ 114, C6
Crnopac ▲ 113, E1

D
Dabar 115, D6
Dabarsko Polje ▲ 119, E13
Dabrica 119, D13
Dabrica 119, F15
Deransko blato ~ 119, D13
Devrske 113, E3
Dol 115, E8
Domaševo 119, F14
Donji 112, C2
Donji Karin 113, D2
Donji Proložac 117, E9
Donji Rujani 115, E6
Donji Seget 114, C7
Donji Tučepi 115, F8
Drače 118, B14
Dragnjić 115, F6
Dragove 112, B2
Drniš 113, F3
Drvenik 117, F11
Dubac 119, E15
Dubrava 118, C14
Dubrave 115, F5
Dubrovnik 119, E15
Duge Njive 117, F10
Dugi Otok Δ 112, B2
Dugi Rat 115, E8
Dugopolje 115, E7

E
Ervenik 113, F2

F
Fatnica 119, F13

G
Gabela 118, C13
Gala 115, E6
Glamoć 115, F5
Glavice 115, E6
Gomilica 115, D7
Gornje Ogorje 115, D6
Gornji Humac 115, E8
Gornji Majkovi 119, D15
Gornji Muć 115, D6
Gornji Seget 114, C7
Gornji Tučepi 115, F8
Gračac 113, E1
Grabovac 115, F8
Gradac 117, F11
Granica 119, F14
Grude 117, F9

H
Hercegnovi 119, F16
Hrvace 115, E6
Hum ▲ 116, A11
Humac 118, C13
Hutovo 119, D14
Hvar 116, B10
Hvar ~ 117, D11
Hvarski kanal ~ 117, D10

I
Igrane 117, E10
Imotski 117, F9
Ist Δ 112, A1
Iž Δ 112, B2

J
Jadrtovac 113, F4
Jama Buta ★ 113, D2
Janjina 117, F12
Jasenar ▲ 113, E1
Jelsa 116, C11
Jesenice 115, E8

K
Kaštel Zegarski 113, E2
Kakan Δ 113, D4
Kali 112, C2
Kaprije Δ 113, D4
Karinsko more ~ 113, D2
Katuni 115, F8
Kazanci 115, E5
Kijevo 115, D5
Kladnice 114, C7
Klek 118, C14
Klis 115, D7
Knin 114, C5
Komin 118, C13
Komiza 116, A11
Konjevrate 113, F3
Konjsko 119, F15
Korčula 117, E11
Korčula Δ 117, D12
Korčulanski kanal ~ 117, D11
Korićina 115, F5
Korita 118, C15
Kornat Δ 112, C3
Kostanje 115, E8
Kozjak ▲ 115, D7
Kraj 115, D7
Krapanj Δ 113, E4
Kravića Slap ★ 118, C13
Kremena 118, C14
Krilo 115, E8
Krivača 119, F14
Kruševo 113, D2
Kucina Glava ▲ 113, F1
Kukljica 112, C2
Kula 118, B13

L
Lastovo 117, E12
Lastovo Δ 117, E12
Lastovski kanal ~ 117, D12
Lavdara Δ 112, C3
Lavsa Δ 112, C3
Lećevica 115, D7
Leotar ▲ 119, F15
Levrnaka Δ 112, C3

M
Lisac ▲ 113, F1
Livno 115, F6
Ljubač 112, C1
Ljubinje 119, E14
Ljubuški 118, C13
Ljuta ~ 119, F16
Ljuta 119, F16
Lokvičić 115, F8
Lovište 117, E11
Luka 112, B2
Lukoran 112, B2
Lumbarda 117, E12
Lusnič 115, E6

M
Macure 113, E2
Makarska 115, F8
Mali Drvenik Δ 114, B8
Manita Peč ★ 112, C1
Manojlovac Slap ★ 113, F2
Maovice 115, D6
Markovac 114, C5
Maslenica 113, D1
Matasi 115, D6
Matica ~ 118, C13
Medugorje 118, C13
Medugorje ▲ 115, E5
Medvida 113, E2
Metković 118, C13
Mikulići 119, F16
Milna 115, D8
Mirabela ★ 115, E8
Mirlović Zagora 113, F3
Mitlo 113, F4
Mljet Δ 118, C15
Modrino Selo 113, E2
Mokro Polje 113, F2
Molat Δ 112, A1
Mosor ▲ 115, E7
Motka ▲ 119, E14
Mrkonjići 119, F14
Murter 113, D3
Murter Δ 113, D3
Mursko more ~ 113, D3
Murvica 112, C2
Muzice ▲ 115, E5

N
Nacionalni park Kornati ☆ 112, C3
Nacionalni park Krk ☆ 113, F3
Nacionalni park Mljet ☆ 117, F12
Nacionalni park Orjen ☆ 119, F15
Nacionalni park Paklenica ☆ 113, D1
Neorić 115, D7

Kartenregister

Neretlvjanski kanal ~ 117, F11
Neum 118, C14
Nevest 114, C6
Nin 112, C1
Novigradsko more ~ 113, D2

O
Obrovac 113, E1
Olib Δ 112, A1
Omiš 115, E8
Opličići 119, D13
Opuzen 118, C13
Orašac 119, D15
Orebić 117, E11
Oskorušno 117, F11
Osoje 115, D7
Otisić 115, D6

P
Pašman Δ 112, C2
Padene 113, F2
Padrag 113, D1
Pakoštane 113, D3
Pelješac Δ 118, C14
Petrucki ★ 115, D6
Piškera Δ 112, C3
Pirovac 113, D3
Ploče 117, F11
Počitelj 118, C13
Podaca 117, F11
Podgora 117, E10
Podhum 115, F6
Pojica Kozićka 117, F10
Polače 117, F12
Poličnik 112, C2
Poljet 112, C1
Poljica 117, D11
Poljica 117, E9
Posedarje 113, D1
Postira 115, E8
Posušje 117, F9
Potomje 117, F11
Potrovlje 115, D6
Povlja 115, E8
Pražnice 115, E8
Prapatnica 114, C7
Preko 112, B2
Pridvorje 119, F15
Priluka 115, F6
Primošten 113, E4
Primorski Dolac 113, F4
Privlaka 112, B1
Prokljansko jezero ~ 113, E3
Prolog 115, E6
Pučišća 115, E8
Pupnat 117, E11

R
Ražanac 112, C1
Račišće 117, E11

Raško Polje 117, E9
Ravča 117, F10
Rava Δ 112, B2
Ravni Kotari ▲ 112, C1
Razvode 113, F3
Ričiće 113, E1
Rivanj Δ 112, B2
Roški Slap ★ 113, F3
Rogać 114, C8
Rogoznica 113, F4
Rt Bad Δ 117, E11
Rt Jabuini Δ 112, A1
Rt Križ Δ 112, B1
Rt Lovisic Δ 117, E11
Rt Marjan Δ 115, D7
Rt Planirat Δ 116, C10
Rt Ploce Δ 112, A1
Rt Rastovac Δ 112, B1
Rt Raznjic Δ 117, F12
Rt Vela dance Δ 116, C12
Rt Višnjica Δ 117, F11
Rt Zarace Δ 117, D11
Ruda 115, E7
Rudine 119, D14
Runovići 117, F9

S
Sali 112, B3
Salona ★ 115, D7
Savar 112, B2
Sedlari 119, E15
Sedlo ▲ 113, F2
Selca 115, E8
Seline 113, D1
Sestrunje Δ 112, B2
Siljak ▲ 114, C5
Sinj 115, E7
Sit Δ 112, C3
Sitnica Planina ▲ 119, E14
Siverić 114, C6
Skorca Gora ★ 119, F15
Skradin 113, E3
Skradinski buk ★ 113, F3
Skucani 115, F5
Slano 119, D14
Slivno 117, F10
Smilčić 113, D2
Smokovljani 118, C14
Smokvica 117, D12
Sobra 118, C15
Sokolarski Centar ★ 113, F4
Solaris 113, E4
Solin 115, D7
Soline 112, A2
Sovići 117, F9
Sovro ▲ 115, D6
Sparagovići 118, C14

Split 115, D7
Splitski kanal ~ 115, D8
Srednji kanal ~ 112, C2
Staševica 117, F11
Stankovci 113, E3
Stari Grad 116, C10
Starigrad-Paklenica 113, D1
Stolac 119, D13
Stomorska 114, C8
Ston 118, C14
Studenci 115, F7
Sušac Δ 116, C12
Sučevići Otrić 113, F1
Sućuraj 117, E11
Sukošan 112, C2
Sumartin 115, F8
Supetar 115, D8
Sutivan 115, D8
Sveti Filip i Jakov 113, D2
Sveti Ilija ★ 117, E11
Sveti Ivan ★ 117, E11
Sveti Jure ▲ 115, F8

T
Tasovčići 118, C13
Tihaljina ~ 117, F10
Tihaljina 117, F10
Tisno 113, D3
Tkon 112, C3
Trbounje 113, F3
Trebižat 118, C13
Trebinje 119, F15
Trebisnjica ~ 119, D14
Tremzina ▲ 113, F1
Treskovac ▲ 119, D14
Tribunj 113, E3
Trilj 115, E7
Trogir 114, C7
Trpanj 117, F11
Trsteno 119, D15
Tulj 119, F15
Turjaci 115, E7

U
Ubli 117, D12
Ugljan Δ 112, B2
Umljanović 114, C6
Uništa 115, D5
Urljaj ▲ 113, F1

V
V. Vitorog ▲ 115, F5
Vela Luka 117, D11
Velebitski kanal ~ 112, C1
Veli Drvenik Δ 114, C8
Veli Tun Δ 112, B1
Velika Gubavica ★ 115, F8

Višići 118, C13
Viški kanal ~ 116, B11
Viganj 117, E11
Vinisce ★ 114, C7
Vinjerac 113, D1
Vir 112, B1
Virsko more ~ 112, B1
Vis 116, A11
Vis Δ 116, A11
Vlahovići 119, E13
Voštane 115, F7
Vodice 113, E3
Vrana 113, D3
Vransko jezero ~ 113, D3
Vrboska 116, C10
Vrgada Δ 113, D3
Vrgorac 117, F10
Vrlika 115, D6
Vrpolje 113, F4
Vrsi 112, C1

Z
Zadar 112, C2
Zadar ★ 112, C2
Zadarski kanal ~ 112, B2
Zaglav 117, E11
Zagrab 115, E5
Zagvozd 115, F8
Zaljuce 117, E9
Zaton 113, E3
Zavala 116, C11
Zemunik 112, C2
Zirje Δ 113, D4
Zlarin Δ 113, E4
Zlatni rat ~ 116, C10
Zmajan Δ 113, E4
Zovi Do 119, E13
Zrmanja 113, F2

Č
Čara 117, D12
Čepikuće 119, D14
Čiovo Δ 114, C7

Ć
Ćilipi 119, E16

Š
Šćedro Δ 117, D11
Šepurine 113, E4
Šibenik 113, E4
Šibuljine 112, C1
Škrip 115, D8
Šolta Δ 114, C8

Zeichenerklärung
Δ Kap, Insel
▲ Gebirge
~ Gewässer, Strand
★ Sehenswürdigkeit
☆ Nationalpark

Orts- und Sachregister

Hier finden Sie alphabetisch aufgeführt alle in diesem Band beschriebenen Orte und Ziele, Routen und Touren. Bei einzelnen Sehenswürdigkeiten steht jeweils der dazugehörige Ort in Klammern, bei Hotels steht zusätzlich die Abkürzung H für Hotel. Außerdem enthält das Register wichtige Stichworte sowie alle MERIAN-TopTen und MERIAN-Tipps dieses Reiseführers. Wird ein Begriff mehrfach aufgeführt, verweist die **fett gedruckte** Zahl auf die Hauptnennung im Band, eine *kursive* Zahl auf ein Foto.

A
Adriatic (H, Hvar) 62
Albin (H, Zadar) 35
Alga (H, Tučepi) 54
Angeln 27
Anreise 104
Aquarium (Dubrovnik) 79
Archäologisches Museum (Split) 49
Archäologisches Museum (Zadar) 35, **38**
Auf einen Blick 104
Auskunft 104
Autoanreise 104
Autofahren 110
Autotouren 86, 88, 90

B
Babino Polje 82
Benediktinerkloster (Tkon) *38*, 39
Bevölkerung 105
Biograd na Moru 39
Biokovo (H, Makarska) 52
Biokovo-Gebirge 86
Blato 93
Bol 28, 31, **57**
Brač *17*, 27, **57**
Brački muzej (Škrip) 61
Brela *4/5*, 28, **54**
Bretanide (H, Bol) 28, **54**, 57
Buchtipps 105
Bunari (Šibenik) 43
Busverbindungen 104, 110

C
Camping 13
Čara 93
Concordia (H, Trogir) 52

D
Diokletian-Palast (Split, MERIAN-TopTen) 48
Diplomatische Vertretungen 106
Dominikanerkloster (Bol) 58
Dominikanerkloster (Dubrovnik) 78
Dominikanski samostan (Bol) 58
Dominiuskathedrale (Split) 48
Domkirche St. Anastasie (Zadar) 36
Donatskirche (Zadar) 36
Dubrovacki muzej (Dubrovnik) 80
Dubrovnik (MERIAN-TopTen) 7, *10/11*, *14*, **76**
Duge Njive 54
Dugi Otok 39
Dujam (H, Split) 48

E
Einkaufen 20
Elaphitische Inseln 81
Essdolmetscher 102
Essen und Trinken 16
Excelsior (H, Dubrovnik) 77

F
Fahrräder 110
Fahrradtour 92
Fährverbindungen 110
Familientipps 30
Feiertage 106
Fernsehen 106
Feste 22
Festung (Hvar) 62
FKK 106
Flugverbindungen 104
Fontana (H, Trogir) 52
Forum (Zadar) 35
Fotografieren 107
Franziskanerkloster (Dubrovnik) 78
Franziskanerkloster (Orebić) 72
Franziskanerkloster (Sinj) 88

G
Geheimnisse von Šibenik (MERIAN-Tipp) 31
Geld 107
Geschichte 98
Gina (H, Murter) 44
Gold und Silber Zadars (MERIAN-Tipp) 35, **36**
Gornja Nakovana 94

H
Halbinsel Pelješac *18/19*, 71
Hauptplatz (Hvar) 62
Hauptstraße (Dubrovnik) 78
Hektorovič-Palast (Stari Grad) 64
Hotel Horizont (H, Baska Voda) 31
Hotels 13
Hvar (MERIAN-TopTen) 7, *12*, 27, **61**

Orts- und Sachregister

I
Ikonenmuseum (Korčula-Stadt) 68
Internationales Kinderfestival (Šibenik) 71
Internet 107
Iž 39

J
Jadran (H, Šibenik) 40
Jadran Koteks (H, Split) 47
Jadrolinja 104, **111**
Jugendherbergen 13

K
Kaktus (H, Supetar) 59
Kali 39
Kapitänshäuser (Orebić) 72
Kathedrale (Hvar) 62
Kinder 30
Kirche des Heiligen Simeon (Zadar) 36
Kleidung 107
Klettern 27
Knezev dvor (Dubrovnik) 78
Knin 90
Kolovare (H, Zadar) 35
Konoba Bebič (H, Lumbarda) 70
Korčula (H, Korčula-Stadt) 68
Korčula (Insel) *22*, *24*, 27, **67**, 92
Korčula-Stadt (MERIAN-TopTen) 7, 9, 11, **67**
Kornaten *26*
Kornati (Nationalpark) 40
Krapanj 21, **44**
Krka-Wasserfälle (MERIAN-TopTen) 90
Kućište 94
Kurita 82

L
Leihwagen 110
Liburna (H, Korčula-Stadt) 67
Lokrum 28
Lopud 83
Lumbarda 67, **71**

M
Makarska *8*, **52**, 86
Makarska Riviera (MERIAN-TopTen) *4/5*, 31, **52**
Malakološki muzej (Makarska) **31**, 52
Mali Ston 71, **73**
Marco-Polo-Haus (Korčula-Stadt) 68
Marjan-Halbinsel 31
Marko Polo (Korčula-Stadt) 67
Medizinische Versorgung 108
Meeresmuseum (Dubrovnik) 80
Meeresmuseum (Orebić) 73
MERIAN-Spezial 18
Meštrovič-Galerie (MERIAN-TopTen, Split) 49
Meteor (H, Makarska) 52
Mitbringsel 20
Mljet 81
Murter 44
Muschelmuseum (Makarska) 31
Museum im Dominikanerkloster (Dubrovnik) 80
Museum im Dominikanerkloster (Stari Grad) 64
Museum im Franziskanerkloster (Hvar) 62
Museum Kroatischer Archäologischer Denkmäler (Split) 49
Muzej Cetinkse Krajina (Sinj) 88
Muzej Grada Šibenika (Šibenik) 59

N
Nada Okmažić (H, Bol) 58
Nationalpark Krka 40, *84/85*, **90**
Nebenkosten 106
Neretva-Delta 27
Notruf 108

O
Omiš 29
Orebić **71**, 94
Orsan (H, Orebić) 72
Ostrea (H, Ston) 74

P
Palaca Sponza (Dubrovnik) 79
Palace (H, Hvar) *12*, 62
Palute (H, Supetar) 59
Pašman 27, **39**
Pension Mirina (H, Viganj) 75
Pensionen 13
Petrinovič-Mausoleum (Supetar) 59
Placa (Dubrovnik) 78
Politik 108
Pomena 82
Pomorski muzej (Dubrovnik) 80
Pomorski muzej (Orebić) 73
Post 108
Preko 39
Primošten 29, 45
Privatmuseum (Makarska) 53
Privatquartiere 13
Pupnat 93

R
Rad fahren 27
Rathaneum (H, Orebić) 72
Reisedokumente 108
Reiseknigge 108
Reisewetter 109
Rektorenpalast (Dubrovnik) 78

Orts- und Sachregister

Restaurant Konoba Varoš (MERIAN-Tipp, Split) 50
Ribarski muzej (Vrboska, MERIAN-Tipp) **64**
Riu Borak (H, Bol) 57
Römisches Forum (Zadar) 38
Roški slap 91
Routen 86, 88, 90, 92, 94
Rundfunk 109

S

Schatzkammer im ehemaligen Bischofspalast (Korčula-Stadt) 68
Schiffsverbindungen 104, **110**
Schwertertanz Korčula (MERIAN-Tipp) 23
Segeln 27
Šibenik 40
Sinj 88
Šipan 82
Šipanska Luka 82
Skradin 91
Skradinski buk 90
Škrip 60
Slavija (H, Hvar) 62
Smokvica 93
Solin 51
Španjola (Hvar) 62
Spezialitäten 14
Split (H, Split) 47
Split 7, *20*, **47**
Sponza-Palast (Dubrovnik) 79
Sport 26
Sprache 109
Sprachführer 100
St.-Blasius-Kirche (Dubrovnik) 79
Stadtloggia (Šibenik) 42
Stadtmuseum (Dubrovnik) 80
Stadtmuseum (Korčula-Stadt) 69

Stadtmuseum Šibenik (Šibenik) 43
Stari Grad 56, 64, *96/97*
Ston 73
Strände 28
Stromspannung 109
Supetar 57, **59**
Surfen 28
Sv. Donat (Zadar) 35, **36**
Sv. Duje (Split) 48
Sv. Jakov (Šibenik) 42
Sv. Lovrinac (Vrboska) 64
Sv. Marija (Vrboska) 64
Sv. Marko (Korčula-Stadt) 68
Sv. Mihovil *32/33*, 39
Sv. Šimun (Zadar) 36
Sv. Stjepan (Hvar) 62
Sv. Stošija (Zadar) 35, **36**
Sv. Vlaha (Dubrovnik) 79
Sveti Ilija 72, **94**
Sveti Ivan 94
Sveti Jure (MERIAN-TopTen) 86
Sveti Lovro (Trogir) 51

T

Tauchen 28
Taxis 111
Telefon 109
Tiere 109
Tkon 39, 40
Touren 86, 88, 90, 92, 94
Trg Svetog Stjepana (Hvar) 62
Trinkgeld 109
Trogir (MERIAN-TopTen) 8, *9*, **51**
Troubadour Hard Jazz Caffé (Dubrovnik, MERIAN-Tipp) 81
Trsteno 83
Tučepi **54**, 86

U

Ugljan 27, **39**
Umsatzsteuer 110
Unterkünfte 12

V

Vela Luka 70, 92, 93
Veliki Ston 71, 73
Verkehrsverbindungen 110
Vestibul (H, Split) 47
Viganj **75**, 94
Vila Koruna (Mali Ston, MERIAN-Tipp) 15
Villa Dubrovnik (H, Dubrovnik) 77
Villa Tudor (H, Hvar) 62
Visovac 91
Vransko jezero (MERIAN-Tipp) 27, **40**
Vrboska *63*, 64
Vrgorac 86
Vrnik 67
Vrsalovič (H, Bol) 58

W

Wandern 28
Wanderrouten (MERIAN-Tipp, Gornje Tučepi) 55
Wanderung 94
Wechselkurse 106
Wehrmauer (Ston) 74
Weine 18
Wirtschaft 111

Z

Zadar *7*, **35**
Zeitungen 112
Zeitverschiebung 112
Zlatni rat (MERIAN-TopTen, Bol) 28, *29*, 57, **58**
Zoll 112
Žrnovo 92
Zugverbindungen 104, **111**
Zypressen (MERIAN-Tipp, Orebić) 72

Impressum

Liebe Leserinnen und Leser,
wir freuen uns, Ihre Meinung zu diesem Reiseführer zu erfahren. Bitte schreiben Sie uns, wenn Sie Berichtigungen und Ergänzungsvorschläge haben oder wenn Ihnen etwas besonders gut gefällt:

TRAVEL HOUSE MEDIA GmbH, Postfach 86 03 66, 81630 München
E-Mail: merian-live@travel-house-media.de, Internet: www.merian.de

DER AUTOR
Harald Klöcker (Jahrgang 1952) ist seit rund 20 Jahren freier Journalist und Buchautor mit Wohnsitz in Köln. Mit Kroatien und vor allem der Region Dalmatien beschäftigt sich der Autor seit dem Jahr 1982.

**Bei Interesse an Karten
aus MERIAN-Reiseführern
schreiben Sie bitte an:**
iPUBLISH GmbH, geomatics
Berg-am-Laim-Straße 47
81673 München
E-Mail: geomatics@ipublish.de

**Bei Interesse an Anzeigenschaltung
wenden Sie sich bitte an:**
KV Kommunalverlag GmbH & Co KG
MediaCenterMünchen
Tel. 0 89/92 80 96 - 44
E-Mail: kramer@kommunal-verlag.de

FOTOS
Titelbild: Dubrovnik
(Bildagentur Huber/J. Huber)
Alle Fotos H.-G. Roth außer: H. Arndt 83;
Bildagentur Huber/J. Huber 20;
Bildagentur Huber/G. Simeone 26, 38;
Bildagentur Huber/Thiele 22;
Bildagentur Waldhäusl 46;
FAN & MROSS/T. Folkmann 28; R. Freyer 4/5, 9, 12, 14, 32/33, 43, 44, 56, 60, 63, 69, 73, 75, 80, 82, 84/85, 96/97, 103, 112;
Kroatische Zentrale für Tourismus/
J. Kopač 49, 66; Kroatische Zentrale für Tourismus/D. Fabijanić 91;
laif/A. Selbach 18/19; laif/R. Celentano 30;
laif/F. Zanettini 16; look/I. Pompe 7;
Schapowalow/Atlantide 34;
Schapowalow/Doormann 86;
transit-Archiv/P. Hirth 10/11

**© 2007 TRAVEL HOUSE MEDIA GmbH,
München**
MERIAN ist eine eingetragene Marke der GANSKE VERLAGSGRUPPE.

Alle Rechte vorbehalten. Nachdruck, auch auszugsweise, sowie die Verbreitung durch Film, Funk, Fernsehen und Internet, durch fotomechanische Wiedergabe, Tonträger und Datenverarbeitungssysteme jeglicher Art nur mit schriftlicher Genehmigung des Verlages.

Alle Angaben in diesem Reiseführer sind gewissenhaft geprüft. Preise, Öffnungszeiten usw. können sich aber schnell ändern. Für eventuelle Fehler übernimmt der Verlag keine Haftung.

PROGRAMMLEITUNG
Susanne Böttcher
REDAKTION
Susanne Kronester
LEKTORAT
Waltraud Ries
GESTALTUNG
wieschendorf.design, Berlin
MERIAN-QUIZ
Verónica Reisenegger
(Konzept und Idee)
KARTEN
MERIAN-Kartographie
SATZ
Filmsatz Schröter, München
DRUCK
Appl, Wemding
BINDUNG
Auer, Donauwörth
GEDRUCKT AUF
Nopacoat Edition von
der Papier Union

2. Auflage

100 JAHRE
GANSKE VERLAGSGRUPPE

Kroatien
Die südliche Küste und Inseln

MERIAN-Tipps
Tipps und Empfehlungen für Kenner und Individualisten

1. Vila Koruna
Das Restaurant im Muschel-Mekka Mali Ston ist spezialisiert auf Fisch und Meeresfrüchte (→ S. 15).

2. Schwertertanz in Korčula
Seit dem Mittelalter wird jedes Jahr im Sommer die Moreška, ein spektakulärer Kampf zweier Heere, getanzt (→ S. 23).

3. Bunari – die Geheimnisse von Šibenik
Eine originelle Schau zeigt Erscheinungen aus der Geschichte der Stadt (→ S. 31).

4. Das Gold und Silber Zadars
Wundervolle Objekte der Kirchenkunst in einer Dauerausstellung im Benediktinerinnenkloster (→ S. 36).

5. Vransko jezero
Zwischen Hügeln gelegener Süßwassersee mit artenreichem Fischbestand (→ S. 40).

6. Restaurant Konoba Varoš
Diese Taverne in Split bietet ein ausgezeichnetes Angebot an dalmatinischen Traditionsgerichten (→ S. 50).

7. Wanderrouten am Hang von Gornje Tučepi
Ausgeschilderte Wege führen durch eine Hanglandschaft oberhalb des Meeres (→ S. 55).

8. Ribarski muzej in Vrboska
Das kleine Museum dokumentiert die Fischerei auf der Insel Hvar (→ S. 64).

9. Jahrhundertealte Zypressen
Die ältesten Exemplare sind 300 bis 400 Jahre alt und befinden sich westlich von Orebić am Hang (→ S. 72).

10. Troubadour Hard Jazz Caffé
Der Treffpunkt für Jazzfreunde und Veteranen der örtlichen Kulturszene Dubrovniks (→ S. 81).

← MERIAN-TopTen finden Sie auf Seite 1